唐君毅全集卷一之一

人生之體驗

臺灣學生書局印行

人生之體驗　目錄

第二部 心靈之發展

第三部 自我生長之途程

附錄——心理道頌

人生之體驗

本書於一九四四年由中華書局初版，至一九四六年共發行五版。一九五六年，經作者校訂，並刪去第四部「人生的旅行（童話）」，增「重版自序」，交由人生出版社印行。一九五九年七月再版，一九七〇年一月三版。一九七七年，作者重新修訂，補回第四部，交臺灣學生書局改版印行，至一九七九年九月共印行四版。全集所據爲學生書局新版，並經全集編輯委員會重新校訂。

重版自序

本書於民國三十三年，在上海中華書局出版。在我出版此書之前，曾出版中西哲學比較研究論集。表面看來，該書比此書多一倍，充滿人名書名，似乎內容豐富。實則多似是而非之論。故我願視此書爲我出版之第一本書。此書中正文連附錄一篇，都是廿八年至卅二年中所寫，寫的時間，不謀而合，都在孟春。寫成以後，曾先分別在學燈、理想與文化、及中大文史哲季刊發表。當時我較年青，對現實人生之了解尚比較淺。於人生的艱難，人們之罪惡一面，更缺乏眞認識。但正因如此，所以這些文章中之一些情致與天趣，爲我後來寫之文章所不及。十多年來，我個人在學問知識方面，當然有增加，有進步。譬如當我寫此書時，各種宗教思想，在我心中，幾無甚地位。現在則我對一切宗教思想，都更能承認其價值，但是對人生之基本觀念，則十多年來，並無變遷。我年歲日增，一般學問知識日進，更能自證我之思想，未走錯路。此書頗帶文學性，多譬喻象徵之辭，重在啓發誘導人向其內在的自我，求人生智慧，而不是直接說教，亦未確定的歸結于某一宗教，某一家派之哲學。此書之思想，可說是在眞理之道口，是可以通到各種不同的宗教與哲學的。凡欲從事各派宗教與哲學之融通者，亦可由此書得若干暗示。所以無論什麼人看了，我想都多少可有些益處。直到現在，我自己看此書，雖覺其不够莊嚴，許多地方，仍是觀照意味太重，不足廉頑立懦。但亦有許多地方，仍能自己受益。我近來寫文，較喜談一般社會文化問題。為了反抗唯物主義，極權主義，恆不免意態激昂；但實際上，仍是以此書所透露的對人生的柔情，為一我所說一切的話之最深的根據。在我所寫的一切文章中，亦只有此書比較能使一般人——尤其有向內而向上的精神之青年，在內心發生一些感動。上海中華書局出版此書至第三版。自三十五年後，即停版，常有人寫信來，要買此書。故函該局，將版權收回，交人生出版社印行。除第四部暫時刪去外，其餘書中文字及內容，大皆照舊付排。改正錯字及大訛誤處，不過數百字。意在多保存原來面目。如果讀者讀此書能發生興趣，我想可以引讀者去看我後來出版的書，以多少補此書之所不足。

上文乃於四十五年為人生出版社之初、二、三版所作之序。今再交臺灣學生書局，另排新版，改用較大之字體，以使讀者之目光與心思，更易留駐。並將第四部再行補入，再改正文字，約數百字，不再作序。六十五年十二月君毅誌。

自序

（一）我前著人生之路，共十部，分為三編。三編將分別出版，故易其名。本書原為其第一編。今定名人生之體驗。第二編擬名道德自我之建立（此書於三十三年在商務印書舘出版，五十二年於人生出版社重版），第三編擬名物質生命與心（此書於四十二年併入心物與人生一書，於亞洲出版社出版，六十四年學生書局重版）

（二）本書重直陳人生理趣。于中西先哲之說，雖多所採擇，然融裁在我，故絕去徵引。稱心而談，期于言皆有指，可以反驗諸身；故一義之立，多無論證。

（三）本書立義，無論證，亦無外表之形式系統，各部義蘊，交流互貫，中心思想，卽透露文中。故無綱目式之結論，可供人之把握。今為使讀者易於悟會其中心思想之所在，姑設下列數問，隨意作答。雖有近游戲，然全書歸趣，亦可因此而見。

何謂人？今藉禮運一語答曰：「人者，天地之心也」。復藉尼采一語答曰：「人是須自己超越的。」

何謂生？今藉陳白沙弟子謝祐一詩答曰：「生從何處來？化從何處去？化化與生生，便是眞立處。」

人生之本在心，何謂心？今藉朱子一詩答曰：「此身有物宰其中，虛澈靈臺萬境融，斂自至微充至大，寂然不動感而通。」

何謂人生之路？今藉陸放翁之詩答曰：「山窮水盡疑無路，柳暗花明又一村。」復藉秦少游一詩答曰：「菰蒲深處疑無地，忽有人家笑語聲。」

何謂人生之價值？今藉王安石詩答曰：「豈無他憂能老我，付與天地從玆始。」復藉忘名之某詩人之詩答曰：「不是一番寒徹骨，怎得梅花撲鼻香。」

何謂理想之人格？今藉陸象山一詩答曰：「仰首攀南斗，翻身倚北辰。舉頭天外望，無我這般人。」

何謂理想之人格之歸宿？今藉近人梁任公詩二句答曰：「世界無窮願無盡，

海天寥闊立多時。」

（四）關于本書寫作之形式之所以如此，我亦有數聊以解嘲之答復。

本書何以分許多部而似不相統屬？今藉蘇東坡一詩解嘲曰：「橫看成嶺側成峯，遠近高低各不同。不見廬山眞面目，只緣身在此山中。」

本書各部義蘊之交流互貫處，何以不先指出？今藉王維詩解嘲曰：「玩奇不覺遠，因以緣源窮。遙愛雲木秀，初疑路不同；焉知淸流轉，偶與前山通。」

本書何以不用最確切的語言表眞理？今藉歌德二語解嘲曰：「眞理似乎是把光不但放射于一方面，而且也放射于多方面的金鋼石般的東西。」「只有不確切的，才是富于創生性的」（Only the Inadequate is Productive）

本書何以說許多話有意的不說到盡頭處？今藉歌德一語，省略數字變其原意解嘲曰：「我們對高級的原理，只應該有益于世間的範圍內說出，其餘的我們應該藏在心裏。但是它們會和隱藏了的太陽之柔和的光明一樣……廣佈它們的光輝吧。」

唐君毅三十二年五月廿日于重慶中央大學柏樹村宿舍

導言

本書承中華書局願與出版以後，偶與該局編者談及。他希望我作一附文，說明本書之思想背景，本書所融攝之各家思想，最好開一書目于後。在編者之意，也許是因覺此書，對于人生哲學上之其他學說，無所討論，且絕去徵引；會使讀者覺此書，好似一從天而降，四顧無依的東西，無法將此書在著作界安排一適當之地位。編者之好意，我很了解。所以我願寫一篇導言，說明此書之寫作的經過；並舉出一些我喜歡的談人生問題之書，也許可以幫助讀者，在精神上走進此書之內部，並知此書之所以作。

我首要說明的是，此書之寫作，根本上，不是要想提出一種人生哲學上之學說，也不是在宣揚那一派之人生哲學的學說。一切提倡或宣揚一種學說的人生哲學著作，在寫作時，都有一種與他人不同學說相對抗的意識。但是我在寫此書時，根本無與任何不同學說相對抗的意識。我寫時，根本莫有想着：任何與此書思想或同或異之思想。這原因很簡單，卽我之寫此書，根本不是爲人寫的，而是爲己寫的。所謂爲己，也不是想整理自己的思想，將所接受融攝之思想，凝結之于此書。只是自己在生活上常有煩憂，極難有心安理得，天清地寧的景象。雖然自己時時都在激勵自己，責備自己，但是犯了過失，總是再犯，過去的煩惱，總會再來。于是在自己對自己失去主宰力時，便把我由純粹的思辨中，所了解的一些道理，與偶然所悟會到的一些意境，自靈臺中拖出來，寫成文字，爲的使我再看時，它們可更沉入內在之自我，使我精神更能向上，自過失煩惱中解救。一部不能解救我，便寫第二部。在寫時，或以後再看時，我精神上總可感到一種憤發，便這樣一部一部的寫下去了。在寫任一部時，可說都是心中先有一朦朧的理境，任其自然的展開，但我並不想把此理境，展開表露至最高的清晰程度。我有意的使餘意未伸；我不在文字中，窮竭那降臨于我的理境之一切意義，也不走到此理境之邊緣。我在文字中，讓輕霧籠罩着此理境之邊緣，爲的使寫出的文字，更富于暗示性、誘導性，使我自己再看時，精神更易升入此理境中去。這是表示我之寫此書，是爲己而非爲人。所以此書的大半，都已寫成好幾年。近的也在二年前。雖然有一部份，曾在刊物發表，但全部合起來發表，直到最近才貞決定。

我之所以要全部合起來發表，當然一方面是因所曾發表之一部份，有許多人稱許，使我覺得此書，對人也可有益。但是主要的原因，是我自己看看這些文字，我覺我以後未必能再以同樣的心境，去寫同樣的文字。我以後可能要寫些比較更當行的系統著述，用論證來成立我思想上之信仰，並討論到與其他派思想之異同。但是那樣寫成的著作之價值，是否卽高於此書，我現在不能說。直到現在，我是寶愛我寫此書各部時之心境的。

我寫此書各部時之心境，各不相同。大體都是如上所說，出于解救自己之煩惱過失的動機，想使自己之精神沉入一理境中去。但我雖是出于解救過失之動機，而寫此書各部，在寫作時，却無與煩惱過失掙扎奮鬥之情調。此時，我心靈是平靜的超脫的，我是站在我自己煩惱過失之外，來靜觀我自己。這居于靜觀地位的我，好似一上下無依，迥然獨在的幽靈。這幽靈，一方面上開天門，使理境下降；一方俯瞰塵寰，對我自己與一切現實存在的人，時而不勝其同情惻憫，時又不勝其虔敬禮讚。所以寫作時常常感觸一種柔情之忐忑，忍不住流感動之淚。

記得史震林在西靑散記中有幾句話：「嗟君何感慨，一往不可攀。仰視碧落，俯念蒼生。情脈念痕，不知所始。醉今夢古，慧死頑生。淡在喜中，濃出悲外」。我之寫此書，便可謂常是在此種有所感慨的心境情調之下寫的。卽在此心境情調下，我便自然超拔于一切煩惱過失之外，而感到一種精神的上升。雖然此種心境情調之降臨于我，常常不能到最深之程度，總是稍縱卽逝，我的文字拙劣，更根本不能表達此種降臨于我之心境情調于萬一。然而我曾有此種心境情調，來寫此書之各部，則是確實的。這種心境情調本身，我認爲是可寶愛的。所以我應寶愛由此而成之文字。

以下當說到我所喜愛之人生哲學書。我之所以只說我之所喜愛，而不說我所寫出的與它們之關係，是因爲我根本上不曾細細想，我受它們影響至何程度。因我所能融攝的思想，已成我之血肉。要我學哪吒之析肉還母，剔骨還父，只留下我赤裸裸的靈魂，相當困難。而且我所喜愛的，未必卽我所能融攝的，至少不必是我在此書中所曾融攝的。所以我以下只說我所喜愛的人生哲學書。客觀的讀者，自可由我之所喜愛，而知我心之所嚮往，因而能自然分析出那些是我所曾融攝的，那些是多多少少受它們影響的；而我亦可藉此以表示我對它們之敬意，將這一些著作，重介于他人之前。因爲我亦願我之此書成爲這許多著作之導言。

大體上來說，愈是現代的人生哲學之著作，我喜歡的愈少。現代許多人生哲學道德學之著作，大都是綱目排列得整整齊齊，一派一派學說，依次敍述，一條一條論證，依次羅列。這一種著作，我以爲除了幫助我在大學中教課，或淸晰一些人生哲學道德學的觀念外，無多價値。這種著作，只能與人以知識，不能與人以啓示，透露不出著者心靈深處的消息。而且太機械的系統，徒足以窒息讀者之精神的呼吸，引起與之對抗，去重建系統的好勝心。這一種著作方式，在現在之時代，自有不得已而須採取之理由，然而我不喜歡。我對愈早之人生哲學之著作，愈喜歡。我喜歡中國之六經，希伯來之新舊約，印度之吠陀、希臘哲學家如 Pythagoras、Heraclitus 等之零碎的箴言。我喜歡那些著作，不是它們已全道盡人生的眞理。我喜歡留下那些語言文字的人的心境與精神、氣象與胸襟。那些人，生于混沌鑿破未久的時代，洪荒太古之氣息，還保留于他們之精神中。他們在天蒼蒼、野茫茫之世界中，忽然靈光閃動，放出智慧之火花，留下千古名言。他們在才鑿破的混沌中，建立精神的根基；他們開始面對宇宙人生，發出聲音。在前不見古人，後不見來者之心境下，自然有一種莽莽蒼蒼的氣象，高遠博大的胸襟。他們之留下語言文字，都出于心所不容已，自然眞率厚重，力引千鈞。他們以智慧之光，去開始照耀混沌，如黑夜電光之初在雲際閃動，曲折參差，似不遵照邏輯秩序。然雷隨電起，隆隆之聲，震動全宇，使人夢中驚醒，對天際而肅然，神爲之凝，思爲之深。這是我最喜歡上列之原始典籍之理由。

上段是籠統的說，我不喜歡現代之人生哲學之著作，而對愈古之哲學著作愈喜歡，最喜歡原始典籍中之哲學思想。以下我將分別就西洋印度中國方面，說我所喜歡之人生哲學著作。

除希臘之最早之哲學家所留下零碎語錄，在西洋方面之人生哲學著作，自然以柏拉圖對話集若干篇，如 Symposium Phadrus 等，爲最能啓示人以哲學上之智慧。柏拉圖對話集之作法，恆先述聚談緣起，由實際生活中問題，以引入哲學問題，由事顯理，卽理導情。其啓示人生眞諦，皆依辨證歷程，層層展示，由近及遠，由低及高，使人超離凡俗，歸化神明。文中主客對辯，博譬曲喩，妙趣環生；終恆歸于主客忘形，相悅以解。其靈思之富，如泉之湧，往復相應，如常山蛇。其歌頌美愛至善之價值，終于窮于讚嘆。柏氏之著，將永爲西洋哲學智慧之源泉，亦將永爲西洋哲學智慧之高峯。我雖未能歸宗柏氏，然此不礙于我對柏拉圖著作之中心喜悅。

柏拉圖以後之亞里士多德之倫理學，自爲治人生哲學倫理學者無不曾讀之書。亞氏之倫理學，自較柏氏之主張更切近人生，在許多問題上，亞氏之答案，更爲圓融中正。然亞氏爲人，爲一散文式的。其論道德學，亦如其論形而上學、邏輯學、與自然哲學，徒以冷靜之理智，自外分析幸福、德目、至善之問題。故其文字少情味，可謂爲科學的倫理學之始祖。

亞里士多德以後之希臘哲學著作，我看的不多。但如伊辟鳩魯及伊辟克特塔氏(**Epictetus**)等，雖心量不免于局促，然其恬然自安，務求精神之寧靜之人生態度，實至可寶貴。他們之著作，雖無亞氏系統之博大，然彼等無理智上之野心與好勝心，唯務樸實說理，故其言警闢精透。無論我們對其所說是否贊成，讀之皆可有所感發。

至于新柏拉圖派創始者之柏魯提諾，允爲柏氏以後對人生問題有最親切之把握之一人。柏魯提諾醉心神境，仰讚天光。雖以其教授生涯，著作頗多，且重以論證，引導凡愚；然其精神所寄，決然在文字思辨之外。彼謂最高之哲學語言，皆只有消極之引導功用，此正同所謂「渡河須用筏，到岸便離船」。若非上智，安能解此。其所著作，慧根應讀。

至于西洋近代之人生哲學道德學之著作，我最不喜歡的，是霍布士、邊沁、彌耳之著作。其功利主義之立場，根本與我不同。此外如英國直覺主義者，如沙夫持貝勒(Shaftesbury)、黑齊生(Hutcheson)、布特勒(Butler)、卡德華斯(Cudworth)、摩耳(More)、克拉克(Clarke)等之思想，我雖比較同情，但我並未讀原書。而且我總覺彼等之學究氣太重，我對之無多好感。培根之散文集，其中論人生問題，多出其親切之體驗，且鞭辟入裏，我所讚許。但其意境，實甚平庸。循其所言以立身行己，可以爲幸福之善人，然不足以語于精神之上升。人如求人生思想于近代英國，與其求之進于近代英國之哲學，遠不如求之于近代英國之文學，如莎士比亞、古律芮已、華茨華斯、與卡萊爾之著作。其中卡萊爾之英雄與英雄崇拜，及 Sartor Resartus 一書，實近代英國之第一流人生哲學之著作。卡萊爾之精神，冥心直進，凌厲無前。其英雄與英雄崇拜一書，讚美古先聖哲，出于衷心仰服，夾敍夾議，其人生哲學卽透露于中。後一書先述其精神奮鬥過程，終于直接發揮其人生哲學。一語一字，皆從肺腑中流出，其對理想之嚮往，處處足以廉頑立懦。近代英國之道德哲學家，與之相比，眞如侏儒之于巨人。

至于法國方面，巴斯卡（Pascal）之思想，Pensées一書，雖通通是零篇斷語，然實一最富啓示性人生哲學著作。Pascal處于宗教眞理與科學眞理衝突之際，旣渴求神聖之境界，又喜刻劃自然之數理；旣棲神于超時空之天國，又戰慄于科學所示之現實時空之無窮；跼蹐于天地之間，徬徨于眞理之途，四顧無依，左右失據，蒼涼寂寞，自毁其身。然其心志，則至柔而至剛，自願爲衝突之眞理之戰場，死而無悔。故其所留之文字，雖以是而不免于矛盾，然點點皆爲追慕眞理而流之血淚。其文約，其旨遠，其矛盾處，皆足使人深思，可謂賢矣。

至于荷蘭之哲學名家，如斯賓諾薩之倫理學，自亦爲一切治倫理學者必讀之書。此書之思想，處處依照嚴密之論證以進行，其幾何學式之文體，可謂極機械之能事。彼之自覺的求倫理學著作之嚴格科學化，可謂前無古人，後無來者。然斯氏，眞有智慧人也，其文字體裁如是，其時代爲之，蓋亦有所不得已。斯氏逃遁世外，絕去一切名利恭敬之尋求，以眞理爲唯一之善。其心靈瑩潔無瑕，泊然絕累，靜觀萬物，游心於永恒無限之神境。故其著作雖極機械之能事，然另有一天清地寧之景象，透露於文字之外。其書雖初讀之際，覺桎梏重重，然讀至最後一部，得其歸旨，則頓覺桎梏盡去，有身心洒然之樂。充理智之量，以達於超理智之境，吾於斯氏見之。

言近代西洋人生哲學道德學著作，英法實非德比。德國道德哲學之著作，自當首推康德之實踐理性批判及道德形上學基礎二書。康德乃嚴肅拘謹而富於虔敬情緒之人。其提出無條件命令，在西洋道德哲學史上，有劃時代之意義，從此而劃定理想主義與功利主義道德哲學之分水嶺。慧眼如斯，眞可千古。其在道德生活上之眞實體驗，亦往往透露文中，使人感發。然康德之形式主義，非我所能同情。我對彼人格之估價，不及我對非希特估價之高。

康德嚴肅而拘謹，非希特熱烈而眞摯。康德終身生活限于學校，非希特則貢獻其精神于國家。康德哲學之形式主義，賴非希特而充實其內容。非希特論我與非我，精神與自然，所以相對存在，由于正面之必賴反面，以成其爲正面，實顚撲不破之眞理。非希特倫理學體系一著，亦務化倫理學爲嚴整之演繹系統，其中心觀念雖賴此書而精確表達；然我所最愛者，則其一般之道德論文。如人之天職論一書，以對辯體裁，發揮其人生哲學上之信念，鞭辟以入裏，鼓舞以盡神，實深入淺出之偉作。

黑格耳哲學，宏納衆流，呑吐百川，可謂近代哲學界之奇傑。我受其影響至大。然我殊不喜其爲人之倨傲態度。彼以絕對精神實現於德國，與其自己之哲學，尤爲大可議者。其思想之斧鑿痕太顯露，彼蓋根本尚未達于思想與生活融合之境界，彼抑根本不求此。故彼對哲學之受用，實不及菲希特。其著作我最愛者爲其精神現象學。此書我在十年前，曾以八日自晨至晚之功夫，讀完一次，以後竟無重讀之時。此書畢竟是一撼動人心之偉作。少年黑格耳之浪漫想像與豐富之智慧，充塞文中。彼依一條順辯證法而發展的思想之線，去對人類精神生活之由低至高之不同境界，作一巡禮，處處是山窮水盡，處處是柳暗花明。實無異描述人類精神發展之詩劇。

與黑格耳對敵之叔本華之哲學著作，其長處實是在談人生。叔本華雖然莫有黑格耳那樣雄偉的氣魄，與嚴刻的思辨力，然而叔本華之文章則比黑格耳純熟流利而自然，不似黑格耳之詰屈聱牙。他的思想與生活，未全融合，亦如黑格耳。然叔本華是有二重人格的人。他一方面儘管是一凡人，然而至少在他寫哲學著作時，他是眞能從他之自我解放出來的。所以其著作中，有一種清明朗澈的氣象，時有平易親切之言，不像黑格耳之深奧難測。叔本華在世界如觀念與意志中，及其他短文，如悲觀論集等中，其論人生之可悲一面，可謂深入現實人生之核心，使人悵觸無邊。其論科學哲學藝術道德宗敎之意義，均根于極深之慧眼。

歌德與席勒，都是德國文學家，然而他們之文學著作，都可說是自覺的爲表現他們之人生思想而著。除了他們之純粹文學著作不說，歌德之談話錄，便是想了解人生者必讀之書。歌德生活豐富。彼對人生之認識，皆從其新妍活潑之生活中體驗出來。在其談話錄中，可以發現一粒粒的金剛石式之言論。此一粒粒金剛石之言論，雖然散見各處，不相統攝，然其光芒，互相映射，使我們但覺一片柔輝，撲來人面。

歌德與席勒比較，當然歌德氣象更闊大。歌德是長江大河，席勒便只是碧湖清潤。然而碧湖清潤，比長江大河更優美。歌德還有塵世氣，席勒之人格，則純粹如精金美玉。席勒的美學書札與論文，論美卽論善。其論美以人格美爲歸宿，人格美卽善。其論人格之美，如論風度，論崇高，都是道德哲學上的無價之寶，任何人所應當讀的。

至於尼采，當然是一近代之人生哲學上的天才。其對人生體驗之豐富，恐怕西洋許多哲人，都須在其前低首。尼采是近代哲學傳統外之人物。其聲音來自荒野，來自山頂，來自海邊，他是野人。但正因其野人，所以能獨往獨來，絕去一切傳統文化學術的覊絆。他的著作，都在極端寂寞中所作。他爲自己與自己之寂寞戰爭，然後寫作。當世無一人了解他，他只合永遠自己用語言，來塡滿他自己與無限間的虛空。他不信舊宗教，而企慕超人；鄙棄人間，又深心熱愛人類。他是有不可解救的精神矛盾的人，故終於寂寞瘋狂而死。矛盾把他自己精神分裂，使他之心靈的光輝，向四方投映，由此而體驗到他自己精神上各方面的祈求與嚮往，寫成數十部無系統的語錄式的著作。他根本厭惡系統，因其思想太豐富，不能桎梏於任一機械之系統之中。他是一荒野的人，其思想之生出，亦如野地草木之叢生，蔓延四處，參差不齊。讀他的著作，自然不如讀一般哲學著作那樣舒服。讀後者如游近代公園，一切草木，都剪伐得整整齊齊，然天趣毫無。而讀他的著作，則如到了未經人工雕斵的自然界，無盡的生命力，自豐林茂草中，不可測的表現着，使人覺與宇宙原始生命力接觸。他的著作，我亦未讀多少。就我讀的說，我這個人(Ecce Home)與悲劇之誕生，最應先讀。查拉圖斯圖拉之許多處，我不能知其眞意所在，但我仍喜之。此外我喜歡快樂的智慧，善惡之彼岸。權力之意志一書，我不喜歡——雖然權力之意志爲其思想之中心觀念。尼采之書，充滿啓發性、激厲性，文字剛健有力，如寸寸之鐵。我敬愛他欣賞他之爲人與著作，但我絕對不能學他。其精神太緊張，烟火氣太盛，偏見太深，他的著作，使我呼吸急迫。除了在正讀他書之時，我可以欣賞他以外，我只要放下他的書，便回到我自己，絕不願他之精神感染我。如果我與尼采同時，又與他相識，他希望我能贊成他之主張，以對他寂寞的靈魂有所安慰與同情，我要明白的同他說：「我不能贊成你所說之一切，我對你最大的安慰與同情，只是我了解你是一寂寞的靈魂。」好在尼采有其高貴的性格，他根本不屑於受他人之安慰與同情。他所尊敬的人，是配與他爲敵的人。尼采本不需要信徒，我們也不必作他的信徒。

除了尼采以外，在近代丹麥還有一孤獨的靈魂，卽杞克果(Keirkeggard)。這人的著作，我未直接看過，只看過一二本介紹他思想的書。他是一眞正要尋求他最深的自我的偉大人格。他不似尼采之反對宗教，而迫切於要求眞正的宗教。他不似尼采之將自己精神向四方分裂，而是要努力使精神自己集中於最深遠的神境。他有最強烈的宗教意識。他一生之在祈求嚮往中，與尼采無異，但所祈求與嚮往者不同。我對其思想之愛好，過於尼采，可是我未讀他許多書，只讀一些節錄的文字。我對之不能多說，但是我望人得着他的書，便讀。

至於現代的西洋人生哲學著作，美國方面 Royce 的世界與個體，雖是形而上學的書，但其書第二本對於人生之啓示至爲廣遠。我所愛的他之著作，是「近代西洋哲學精神」，此書雖是一哲學史著作，然其論近代西洋哲學精神，即論近代西洋各大哲之精神境界，實可視作一人生哲學書讀。至於其專論人生哲學之忠之哲學，反嫌平凡。詹姆士在美國哲學界，是一活潑生動的思想家，我最喜歡的是其宗教經驗之種種。此書搜集古今關於宗教經驗記載材料，極爲豐富，彼由此以分析出宗教經驗之特質。此雖是限於論宗教經驗之書，然宗教經驗乃人生經驗中最可貴者之一種。詹氏文字無不流暢清楚，此書實值一讀。此外其談人生之零篇文字及實用主義等書，雖流行，實膚淺，到不如讀其心理學原理一書。因此書描述心理學，如描述人生。至於杜威氏之倫理學，則是教科書。此書論道德，理境不高，只是其思想比詹姆士謹嚴而已。在英國方面，T.Green 的書雖多被人作教科書，然實有深厚之精神背景之作。勃拉得雷（F. H. Bradley）乃有眞正哲學洞識之人。其倫理學研究雖是零篇論文，且徒事分析與辯論，然語必歸宗於其對道德哲學之洞識，實值一讀。至如頗負一時盛名之實在論者，如 G. E. Moor, C. D. Broad 之倫理學著作，則除清晰倫理學概念之邏輯意義外，餘無足取。羅素到底比他們高，以其有對現實人生之熱情。在神秘主義與邏輯中之自由人的崇拜一文，爲其論人生最好之一文。Whitehead 之所長，乃在宇宙論，其 Adventures of Ideas 一書，我也曾從頭讀過，但無深刻之印象。只覺他根據其宇宙論，而建立人生根本是一創造之基本觀念，是可寶貴的。法國方面，柏格孫之道德與宗教之兩原一書，一變其早年著作之作風，文字由明朗暢達，變爲深細沉潛，內容亦是一種向深的道德宗教境界去探索的書。此書我亦未看完，但我知其甚有價值。至於在德國方面，倭鏗之著作，則處處皆可表見其爲一正大篤實之君子。其著作大抵均是人生哲學書，文章中所透露之精神氣度甚好。其思想不算如何豐富，但非常眞切動人。我讀其書，覺精神皆有所興起。此外，哈特曼之倫理學，允爲現代倫理學之大著。其根據實在論立場，而主張價值世界潛存心外之說，我不同情。但其書第二册，論各種道德價值，專取現象主義之描述法，却寫得非常親切有味，使人感發。其對道德價值之體驗豐富與深厚的程度，當世罕能及。其次則斯伯朗格（Spranger）之人生之形式，論種種人生之價值境界之差別，與其交流互貫，以說明人格之形態、文化之類別，兼通於心理學與道德哲學及文化哲學，亦爲今之名著。其對道德價值本身體驗之豐富，不及哈氏，然其書統之有宗，會之有元，不似哈氏之專務描述，自承最高之道德價值尚未發現。在德國現代哲人中，我最讚許的還是凱薩林（Keyserling）。凱薩林我嘗以之爲現代歐美哲學界中第一聰明人。彼本以談文化哲學出名，然其談文化卽談人類精神。其對人生之認識，卽由談文化之著作中，已可見之。其談文化者，自以哲學家旅行記爲最好，其論東西文化與人生觀念之不同，透闢絕倫，世所希有。其專談人生者，**如眞理之回復**(Recovery of Truth)、創造的智慧(Creative Understanding)，無不溢出西方傳統哲學範圍以外，而通於東方思想。其以哲學爲抉發意義之學，並以哲學當藝術化，哲學當自機械之理論系統中解放，皆獨具炯眼，不同流俗。其在創造的智慧之序文中，自謂其書著法，是一種旋律式的寫法：卽每一章皆自具首尾，成一整體，而各章義蘊流貫，如許多旋律，互相交響。我之此書各部之寫法，亦可謂受其提示。此外德國現代哲學家如海德格（Heidegger），雅士培(Jaspers）我皆未讀其原著，但就所知，都有非常可誘發靈慧之處。

以上略述我所喜愛西洋人生哲學及倫理學之著作。不過就整個西洋之人生哲學倫理學著述看來，總是表現向上祈求，向前嚮往，向外追求捕捉之態度。西洋哲人，仰視霄漢，讚彼天光，企而望之，俯而承之，其欲超離凡俗，以達靈境者，恆須先闢除榛莽，用層層上升之思路，以開拓其心靈，提升其境界。故西方式辯證法，實爲昭示人生發展之歷程之必需工具。柏拉圖所謂辯證法使人打開靈魂之眼向上望，已一語道出後之西洋理想主義哲人，重視辯證法之秘。我此書之若干部分，實卽本一辯證精神，以談人生。然我乃東方人，根本缺乏西方人上界下界互相對峙之原始意識。我們對西方人上界下界之先劃分而求合之態度，可根本不採取。西方式辯證法，唯可用於自下至上發展之歷程，此歷程一停止，其辯證法卽用不上。故西方式辯證法與向上追求之人生態度爲緣。西洋人向上追求之精神，至宗教上之天國信仰而平衡止息。然中國人無西方式之天國之信仰，則永遠向上追求之人生態度，終使人墜入空虛，必當求內有所止。旣內有所止，則西方式辯證法可用亦可不用也。

其次，我將略述我所喜愛印度、中國之人生哲學著作。東方人之精神形態，永與西方人不同。西洋人總是在那兒有所祈求嚮往，有所追求與捕捉，其心靈太不安，太動盪。哲學家亦如是，故很少能達心安理得之境者。西哲人格之偉大處，唯表現於其爲眞理而犧牲之精神，努力向上求超拔其現實自我之態度。然其努力向上之動力，或是原始的自然生命力。這生命力强悍邁往，滾滾滔滔，繼續不懈，死而後已。故其一生，多可歌可泣，如巴斯卡、卡萊爾、菲希特、尼采、杞克果，皆其人也。然彼等既缺中國哲人自樂其道、自慊自足之心境，天機暢達，廓如太虛之胸襟；亦缺印度哲人閉藏內斂、淵默玄深之氣象，度己度人、悲憫衆生之心腸；故我對西洋哲人之精神，景仰之、心愛之，而不能頂禮之、膜拜之。雖柏拉圖黑格耳復生，我亦不能心悅誠服之，不願傾吾之生命精神與之。然吾於孔子釋迦以及若干中、印哲人則願。

關於印度哲人之著，我所喜者爲佛學中般若宗之經，滌蕩情見，使人意消，忘懷世務，心與天游。此與讀西哲書覺理網重重，攀緣無盡，情志激蕩，四顧彷徨，乃截然不同之二種境界。般若經浩瀚曼衍，說明一義，多重複文句，鋪陳名相，或展卷終日，而理之推進者至少，人或不耐。然此正所以止息理智之攀緣，情志之動蕩，引人入其境界，而遊息其中。此外則華嚴一經，始於讚嘆十方諸佛，共唱圓音，使人如頓入於永生之域。其歸于論「無不從此法界流，無不還歸此法界」之義，妙諦無邊，誰有智者，而不頂禮。至於般若宗之論，瑜伽宗諸經論，雖曾略事研習，然有志深造而未能。楞嚴圓覺二經，雖經考爲僞書，然我之哲學興趣，多由之引起。其書之義理是非，愧未能辨，然二書談理之層層深入，實我所喜愛。關於佛家思想，我雖願承受，與本書所陳，無大關係，今不多述。

至於中國先哲之書，中國人無不童而習之。中國哲學著述，自以論語當先讀。孔子溫良恭儉之氣象，仁民愛物之胸懷，孔門師弟之間，雍容肅穆，一片太和之氣，無不可於此書見之。孔子極高明而道中庸，與柏拉圖之欲由庸凡以漸進於高明不同。孔子之言，皆不離日用尋常，卽事言理，應答無方，下學上達，言近旨遠，隨讀者高低，而各得其所得。然以其不直接標示一在上之心靈境界，故讀者亦可覺其言皆平凡，不及西哲之作，如引人拾級登山，勝境自闢。然「泰山不如平地大，」程明道此言，眞足千古。在平地者誰知平地大？唯曾登泰山者，乃益知平地大。故必讀西哲印哲書，而後益知中國先哲之不可及，知其中庸中之高明也。若夫未能讀西印哲之書者，則讀孔子之言，必須去其我慢，體會涵泳，優柔饜飫，亦終可受其潛移默化，而神明自得也。

孔子元氣渾然，一片天機。孟子則浩氣流行，剛健光輝；其所爲言，皆截斷衆流，壁立千仞，直心而發，絕無假借。其性善之義，仁義內在之說，發明孔子之微意，從此爲中國人生哲學，立下不拔根基。人皆可以爲堯舜，而人格之無上之尊嚴與高卓，於焉建立。盡性卽知天，而萬物皆備於我，上下與天地同流，徹上徹下，通內通外，西洋哲學中內界外界，上界下界之分，皆成戲論。性具四端，人皆有之，推擴充達，念念皆分內事，止於自己之內，而祈望嚮往，無所歸宿之空虛之感，無自而生。孟子之功偉矣。

孟子剛健光輝，乾道也；荀子博厚篤實，地道也。孟子高明，而荀子沉潛。孟子發强剛毅，荀子文理密察。孟子之言修養之方，透闢而未及精密，荀子則庶幾乎密矣。荀子言性惡，雖有心能知道之義以輔之，而心性二元，未見其可。荀子化性以起僞，欲長遷而不返其初，以合於道，而道則心之所對。蓋同西洋柏拉圖氏之以至善爲靈魂企慕之境界之說，然與孔孟之道，蓋已有殊。

儒者之言以外，道家之老莊，游心太初，寄情妙道。其自現實超拔之心，同於西洋理想主義者，而無彼企慕祈望之情。其足以滌蕩情見之效，與佛家同，而無彼永超生死苦海之悲願。然循老莊之道，高者可以喪我忘形，返於大通，游於天地之一氣；低者亦可致虛守靜，少私寡欲，渣滓日去，清光日來。

先秦儒道二家，我所深喜。至於墨法二家，則覺其持論殊淺。兩漢魏晉隋唐，代有哲人。唯王弼、僧肇，我深心讚美。宋明諸子，大均天挺人豪，眞有所自得。濂溪明道，尤所心折。明代陽明，簡易眞切，良知之教，獨步千祀。陽明學派之龍溪近溪，言心之靈明與精神，當下卽是，須直接承當。江右學派羅念庵聶雙江之倫，以及明末高攀龍劉蕺山等，則善能歸寂通感，攝末歸本。王船山大氣磅礴，開六經生面。至於由明末以至今日，江山代有才人出，今不及述。

以上略述我所喜讀東西人生哲學之著述，任筆所之，目的唯在表我景仰企慕之情，略述我對彼等精神氣象及著作方式之直接感應，以介紹之於眞求了解人生眞諦者之前。我常感古之聖哲，以其天縱之慧，抉發人生價值，示人正路，天不生仲尼，萬古如長夜，吾等生於千祀之後，誦其詩，讀其書，能不懷想其爲人？遙念聖哲，環顧羣生，未嘗不思有以自奮，然聖哲之道，微遠難測，自顧行證未及，雖欲發其潛德幽光，亦口未言而囁嚅。當今之世，唯物功利之見，方橫塞人心，卽西方理想主義已被視爲迂遠，更何論爲聖爲賢成佛作祖之教。故化世之言，唯有方便巧立，以嚴密論證，破迷祛執之事，亦不可不先有。私心想望，實在於此。正於此書所陳，不過略示端緒，要在以西方理想主義之精神，融於日常生活之體驗，而以世俗之名言表達之。東土聖哲之教，則爲其背景，隱而不發。然讀者誠能虛心涵泳，亦可循玆以橫通東西大哲之心。至融會百家，以開拓萬古之心胸，則敬俟來哲。

三十二年六月十日。

導言附錄——我所感之人生問題

本文原名古廟中一夜之所思。蓋一隨筆體裁。乃廿八年十月宿青木關教育部時所作。其地原爲一古廟，以一小神殿，爲吾一人臨時寢室。當夜卽臥于神龕之側。惟時松風無韻，靜夜寂寥，素月流輝，槐影滿窗。倚枕不寐，顧影蕭然。平日對人生之所感觸者，忽一一頓現，交迭於心；無可告語，濡筆成文。此文雖屬抒情，然吾平昔所縈思之人生根本問題，皆約略於玆透露。此諸問題，在本書雖不必一一有正面之淸晰答案，然至少可見本書所以作之個人精神背景之一主要方面，故今附於導言之末。此文之情調，純是消極悲涼之感，及對人生之疑情，與本書之情調，爲積極的肯定人生者不類。然對人生之疑情與悲涼之感，實爲逼人求所以肯定人生之道之動力，及奮發剛健精神之泉源。樂觀恆建基於悲觀，人生之智慧，恆起自對人生無明一面之感嘆。悲涼之感者，大悲之所肇始；有智慧者若不能自忘其智慧，以體驗人生無明一面，亦不能知智慧之用，此吾之所以附入此文也。吾所自慚者，此文中之悲涼之感，尚不免於局促，對人生無明一面之感嘆，尚未至眞切耳。（三十二年附誌）

日間喧囂之聲，今一無所聞，夜何靜也？吾之床倚於神龕之側。吾今仰臥於床，唯左側之神，與吾相伴。此時似有月光，自窗而入，然月不可見。吾凝目仰睇瓦屋，見瓦之櫛比，下注於牆，見柱之橫貫。瓦何爲無聲，柱何爲不動。吾思之，吾怪之。房中有空，空何物也。吾若覺有空之爲物，滿於吾目及所視之處。空未嘗發聲，未嘗動。然吾覺空中有無聲之聲，其聲如遠蟬之斷續，其音宛若愈逝愈遠而下沉，既沉而復起，然聲固無聲也。吾又覺此空，若向吾而來，施其壓力。此時吾一無所思，惟怪此無盡之靜閴，自何而來，緣何而爲吾所感。吾今獨處於床，吾以手觸吾眼吾身，知吾眼吾身之存在。然吾眼吾身，緣何而聯繫於吾之靈明？吾身方七尺，而吾之靈明可馳思於萬物。彼等緣何而相連，吾不得而知也。吾有靈明，吾能自覺，吾又能自覺其自覺，若相引而無盡：吾若有能覺之覺源，深藏於後。然覺源何物，吾亦不得而知也。吾思至此，覺吾當下之心，如上無所蒂，下無所根，四旁無所依。此當下之心念，絕對孤獨寂寞之心念也。居如是地，在如是時，念過去有無量世，未來亦有無量世，然我當下之念，則烱然獨立於現在，此絕對孤獨寂寞之心念也。又念我之一生，處如是之時代，居如是之環境；在我未生之前，我在何處，我不得而知也；既死之後，我將何往，我亦不得而知也。吾所知者，吾之生於如是時，如是地，乃暫住耳。過去無量世，未有與我處同一境遇之我；未來無量世，亦未必有與我處同一境遇之我。我之一生，亦絕對孤獨寂寞之一生也。吾念及此，乃恍然大悟世間一切人，無一非絕對孤獨寂寞之一生，以皆唯一無二者也。人之身非我之身，人之心非我之心，差若毫釐，謬以千里。人皆有其特殊之身心，是人無不絕對孤獨寂寞也。

吾念及此，覺一切所親之人、所愛之人、所敬之人、所識之人，皆若橫佈四散於無際之星空，各在一星，各居其所。其間爲太空之黑暗所充塞，唯有星光相往來。星光者何？愛也、同情也、了解也。吾嘗怪人與人間緣何而有愛，有同情，有了解？吾怪之而思之，吾思之而愈怪之。然我今知之矣。人與人之所以有愛同情了解者，所以塡充此潛藏內心之絕對孤獨寂寞之感耳。然吾復念：人之相了解也，必憑各人之言語態度之表示，以爲媒介。然人終日言時有幾何，獨居之態度，未必爲人見也。人皆唯由其所見於吾之外表者，而推知吾之心。吾之心深藏不露者，人不得而知也。吾心所深藏者，不僅不露於人，亦且不露於己。吾潛意識中，有其鬱結焉，憂思焉，非我所知也。我於吾心之微隱處，尙不能知，何況他人之只由吾之言語態度之表示，以推知吾心者乎？人皆曰得一知己，可以無憾，言人與人求相知之切也。然世間果有知己乎？己尙不知己，遑論他人？人之相知，固有一時莫逆於心，相忘無形者矣。然莫逆者，莫逆時之莫逆；相忘者，相忘時之相忘耳。及情移境遷，則知我者，復化爲不知我者矣。而人愈相知，愈求更深之相知，且求永遠之相知。其求愈切，其望彌奢，而一旦微有間隙，則其心彌苦。同情也、愛也，均緣相知而生，相知破人心之距離，如鑿河導江。同情與愛，如流水相引而至。人無絕對之相知，亦無絕對之同情與愛。不僅他人對己，不能有絕對之愛與同情，己之於己亦然。吾憂，吾果憂吾之憂乎？吾悲，吾果悲吾之悲乎？憂悲之際，心沉溺於憂悲之中，不必能自憂其憂，自悲其悲，而自憐自惜，自致其同情與愛也。己之於己猶如此，則人對吾之同情與愛，不能致乎其極，不當責也。

吾復思吾之愛他人又何若？吾嘗見他人痛苦而惻然動矣，見人憂愁而欲慰助之矣。然惻然動者，瞬而漠然；慰助他人之事，亦恆斷而不能續。吾爲社會人類之心，固常有之，然果能勝己之私者有幾何？吾之同情與愛，至狹窄者也。吾思至此，念古之聖賢，其以中國爲一人，天下爲一家之仁心，如天地之無不覆載，本其至誠惻怛之情，發而爲言，顯而爲事業，皆沛然莫之能禦。吾佩之敬之，願馨香以膜拜之。然吾復念，古今之聖哲多矣，其曉音瘏口，以宣揚愛之福音，顚沛流離，以實現愛之社會，所以救世也。然世果得救乎？人與人之相嫉妒猶是也，人與人之相殘害猶是也。試思地球之上，何處非血跡所渲染，淚痕所浸漬？而今之人類，正不斷以更多之血跡淚痕，加深其渲染浸漬之度。人類果得救乎？何終古如斯之相殘相害也？彼聖哲者，出自悲天憫人之念以救世，固不計功效之何若，然如功效終不見，世終不救，則聖哲之悲憫終不已。聖哲之心，果能無所待而自足乎？吾悲聖哲之懷，吾知其終不能無所待而自足也。吾每念聖哲之行，恆不禁欲捨身以遂成其志。吾固知吾生之不能有爲也，即有爲而世終不得救也。吾今玆之不忍之念，既不能化爲漠然，捨身又復何難？然吾終惑世既終不得救，而人何必期於救？宇宙果不仁乎，何復生欲救世之人以救世也？宇宙果仁乎，何復救世者終不能得遂成其志也？憶吾常中宵仰觀天象，見羣星羅列，百千萬數，吾地球處於其間，誠太空之一粟。緣何而有地球，中有如此之人類，而人心中有仁，人類中有仁人，欲遂其萬物一體之志乎？宇宙至大也，人至小也；人至小也，而仁人之心復至大也。大小之間，何矛盾之若是？吾輒念之而惑不自解，悲不自持。吾之惑、吾之悲，又自何來，終於何往，吾所不知也。

吾思至此，覺宇宙若一充塞無盡之冷酷與荒涼之宇宙。吾當捨身以愛人類之念，轉而入於渺茫。吾之心念，復迴旋而唯及於吾直接相知直接相愛之人。吾思吾之母，吾之弟妹，吾之師友，吾未婚之妻，若唯有念彼等，足以破吾此時荒涼寂寞之感者。吾念彼等，吾一一念之。吾復念與吾相知相愛之人之相遇，惟在此數十年之中。數十年以前，吾輩或自始未嘗存，或尚在一幽渺之其他世界。以不知之因緣，來聚於斯土。以不知之因緣，而集於家，遇於社會。然數十年後，又皆化爲黃土，歸於空無，或各奔另一幽渺而不知所在之世界。吾與吾相知相愛之人，均若來自遠方各地赴會之會員，暫時於開會時，相與歡笑，然會場一散，則又各乘車登船，望八方而馳。世間無不散之筵席。筵席之上，不能不沉酣歡舞，人之情也。酒闌人散，又將奈何？人之興感，古今所同也。吾思至此，若已至百年以後。吾之幽靈徘徊於大地之上，數山隴而過，一一巡視吾相知相愛之人之墳塋，而識辨其爲誰、爲誰之墳塋。吾念塚中之人，塚上之草，而有生之歡聚，永不可得矣。

吾復念吾愛之弟妹，吾復愛吾之妻及子，吾之弟妹亦將愛夫或妻及子也，然吾之愛吾弟妹，及弟妹之愛吾也，及各愛其夫或妻及子也，皆一體而無間。而吾之子女與弟妹之子女之相待，則有間矣。彼等之相愛，必不若吾與弟妹之相愛也。愛愈傳而愈淡，不待數百年之後，而吾與吾弟妹之子孫，已相視如路人矣。彼視若路人之子孫，溯其源皆出自吾之父母之相愛。吾父母之相愛，無間之愛也。吾與吾之妻子之愛，弟妹之與其夫或妻及子之愛，亦無間之愛也。緣何由無間之愛，轉爲有間之愛，更復消亡其愛，相視如路人？此亦吾之所大惑也。大惑，吾所不能解，吾悲之。然吾悲之，而惑之爲惑如故也。無間之愛，必轉而爲有間之愛，歸於消亡，此無可如何之事實也。吾果能愛吾疏遠之族兄如吾之弟妹乎？此不可能之事也。吾緣何而不能？吾亦不自知也。人之生也，代代相循。終將忘其祖若宗，忘其同出於一祖宗，而相視如路人，勢所必然也。

吾思至此，吾復悲人類之代代相循。「前水復後水，古今相續流，今人非舊人，年年橋上遊。」數十年間，卽爲一世。自有人類至今，不知若干世矣。吾嘗養蠶。蠶破，卵初出，如沙蟲；而食桑葉，漸而肥，漸而壯；而吐絲，而作繭，而成蛾；而交牝牡，而老而死。下代之蠶，又如是生，如是壯，如是老，如是死。數日之間，卽爲一代。養數蠶月餘，蠶已盈筐，蓋蠶已易十餘代矣。其代代皆循同一生壯老之過程，吐如是絲，作如是繭，化如是蛾。吾思之，吾若見冥冥中有主宰之模式，將代代之蠶，引之而出，又復離之而去。然此主宰之模式何物？吾不得見也。吾思之而惑，吾亦惑之而悲。吾今念及人之代代相循，蓋亦如蠶之由幼而壯，而思配偶，而生子孫；異代異國之人，莫不如是；亦若有一主宰之模式，引之而出，而又離之而去，非吾所能見者；而吾則正爲自此模式所引之而出，復將離之而去之一人焉。主宰我者誰耶？吾緣何而受其主宰耶？吾惑吾生之芒，吾惑吾相知相愛之人所自生之芒。吾惑之悲之，又終不能已也。

吾思至此，吾念人生之無常，時間之殘忍，愛之日趨於消亡，人生所自之芒；更覺此宇宙爲無盡之冷酷與荒涼之宇宙。然幸吾今尙存，吾相知相愛之人，多猶健在，未歸黃土也。然吾復念，吾今在此古廟中，倚神龕而臥，望屋柱而思，不知吾之母，吾之弟妹，吾未婚之妻，吾之師友，此時作何事？彼等此時，蓋已在床，或已入夢矣？或亦正顧視屋頂不能寐，而作遐思？如已入夢，則各人夢中之世界，變幻離奇，各夢其夢。夢爲如何，吾所不得知矣。如亦作遐思，所思如何，吾更不得知矣。或吾所愛之人正夢我，正思念我，然我今之思念彼等，彼等未必知也。彼等或已念我之念彼等，然我今之念「彼等可有念我之念彼等之念，」彼等亦未必知也。吾今之感觸于宇宙人生者，彼等更不必于是時，有同一之感觸。吾念古人中，多關於宇宙人生之嘆，吾今之所嘆，正多與古人之相契。然古人不必知在若干年後，有如是之我，作如是念，與之相契也。在數十百年後，若吾之文得傳於世，亦可有一人與吾有同一之感觸，與吾此時之心相契。然其心與我之心相契，彼知之，我亦不必能知其相契與否也。吾於是知吾今之感觸，亦絕對孤獨寂寞之感觸也。此時房中闃無一人，不得就我今茲所感觸而告之。我今茲所感觸，唯吾之靈明自知之。然吾之所以爲吾，絕對孤獨寂寞之吾也。吾當下之靈明，絕對孤獨寂寞之靈明也。吾念吾此時之孤獨寂寞，吾復念吾所親所愛之人此時之孤獨寂寞，彼等之夢其所夢，思其所思，亦唯於夢思之之際，當下之靈明知之。如彼等忽來至吾前，吾將告以吾此時之心境，而彼等亦將各告以此時之心境。然相告也者，慰彼此無可奈何之絕對孤獨寂寞耳。相告而相慰。相慰也者，慰彼此無可奈何之絕對孤獨寂寞耳。

吾念以上種種，吾不禁悲不自勝。吾悲吾之悲，而悲益深。然吾復念，此悲何悲也？悲人生之芒也，悲宇宙之荒涼冷酷也。吾緣何而悲？以吾之愛也。吾愛吾親愛之人；吾望人與人間，皆相知而無間，同情而不隔，永愛而長存；吾望人類社會，化爲愛之社會，愛之德，充於人心，發爲愛光，光光相攝，萬古無疆；吾於是有此悲。悲緣於此愛，愛超乎此悲。此愛也，何愛也？對愛之本身之愛也，無盡之愛也，遍及人我、彌綸宇宙之愛也。然吾有此愛，吾不知此愛自何而來，更不知循何術以貫徹此愛。尤不知緣何道使人復長生不死，則吾之悲，仍終將不能已也。然此悲出於愛，吾亦愛此悲。此悲將增吾之愛，吾願存此悲，以增吾之愛，而不去之。吾乃以愛此悲之故，而乃得暫寧吾之悲。

二十八年十月

第一部　生活之肯定

導言

自本書立場言，人生之目的，不外由自己了解自己，而實現眞實的自己。所以人首應使自己心靈光輝，在自己生命之流本身映照，以求發現人生的眞理。其次便當有內心的寧靜，與現實世界，宛若有一距離，由是而自日常的苦痛煩惱中超拔，而感一種內在的幸福。再進一層，便是由此確立自我之重要，知如何建立信仰與工作之方向，自強不息的開闢自己之理想，豐富生活之內容。再進一層。便是在人與人之生活中，人類文化中，體驗各種之價值。最後歸於對最平凡之日常生活，都能使之實現一種價值，如是而後有對生活之眞正肯定。本部分七節，七節內各分若干小節：

一、說人生之智慧　二、說眞理　三、說寧靜之心境

四、說自我之確立　五、說價值之體驗　六、說日常生活中之價值

七、最後的話

第一節　說人生之智慧

『人生的智慧，何處去求？』我們不應當發這個疑問。人生的智慧是不待外求的，因他不離你生命之自身。智慧是心靈的光輝，映着水上的漣漪，生命是脈脈的流水。

只沿着生命之流游泳，去追逐着前頭的浪花，你是看不見水上的漣漪的。你要見水上的漣漪，除非你能映放你心靈的光輝，在生命之流上回光映照。這是說，你當發展一個「自覺生命自身的心靈」，如是你將有人生之智慧。你當映放心靈的光輝，來求自覺你之生命，反省你之生活。

你可曾凝目注視：在樹蔭之下綠野之上的牛，在靜靜的反芻？你于此時便當想着，你對于你之生活經驗，也當以反芻之精神，來細細咀嚼其意義。如此，你將漸有人生之智慧。」

人生是古怪東西，你不對他反省時，你覺無不了解。你愈對他反省，你愈將覺你與他生疏。正好像一熟習的字，你忽然覺得不像，你愈看便愈覺不像。但是你要了解宇宙人生之眞理，你正須先覺對之生疏。

你必須對宇宙人生生疏，與之有距離，然後你心靈的光輝，才能升到你生命之流上，而自照你生命之流上的漣漪。

你在欲對宇宙人生有眞了解之先，你要常覺一切都有無盡意義潛藏，一切於你，都是生疏不可測。

對於一切都似乎很熟習的人，宇宙人生祕奧之門，永是爲他們而關閉着的。

第二節　說眞理

我說的話，似乎是陳舊的眞理，但是眞理莫有陳舊的。眞理總是千古常新，猶如朝朝海上湧出的初日。

當你覺着任何眞理是陳舊時，你便要反省：陳舊是在你心靈的自身，眞理的光芒，對於你是黯淡了。

你要澡雪你的心靈，對於眞理，永遠有新發現的歡悅。

你不要厭倦重複呈現於你心靈的眞理，因爲眞理不重複時，錯誤便常常重複了。

其實眞理從不會重複，猶如你生命的經驗之從不曾重複。生命的經驗永遠新新不已。所以似乎一樣的眞理，每回與你相見，啓示你新的意義，猶如朝陽，每日披上不同的霞彩。

你應當永遠認識眞理之新意義，而獲得新眞理。你將覺你所認識之眞理之範圍，逐漸擴大。你將覺新眞理，自舊眞理湧現出來，猶如胰子泡上的新花紋，隨胰子泡之吹大，而自舊花紋之夾縫中，湧現出來。你將覺如行於千萬頃田的阡陌之上，你明明看見前面縱横的阡陌，已交於一點。然而你走到時，他又是一新的開始。你將發現無窮的新眞理。

你將接觸眞理之世界。

當你接觸眞理的世界時，你不要說你的心，把握了眞理；你應當說眞理呈現於你的心——這是絕對不同的兩種態度。

當你覺得你的心，把握了眞理時，你的心漸漸緊，行將閉了，眞理將悄然地離開你的心。

當你只覺得眞理呈現於你時，你的心便開了。眞理將繼續降臨於你，眞理的世界，將爲你的家。

讓眞理呈現於你的心，你對於眞理只有低頭信受。

你可以吮吸宇宙之眞理，如嬰兒之吮乳，你將獲得幸福。

你不必處處用思辨力去分析眞理，眞理最需要的是深心的體玩。這是說你所得之眞理的知識，必須滲融於你之生活中。

眞理的知識，猶如生絲，當浸潤在充滿意味的生活的水中時，自然條條清澈，宛轉如畫。

但一朝生活的源水，與之相離，知識也將如生絲之膠結。你縱有能分析的思辨力，去耐心細繹，你也不能回復他在水中時，那樣的清澈了。

從體玩中印證過的眞理，不會有錯誤。對於這種眞理，你只須盡量開張你心之門戶，讓他更沉融於你生活中，不要想發現他後面隱蔽的可能的錯誤。因爲當你疑惑眞理會攜帶錯誤來時，你的疑惑便把眞理送出門了。

這時你再向眞理招手，你將如火車開動後的客人，你愈向月台上送別的人招手，你離開他愈遠了。

你不必處處將你所認識的眞理，以教訓的態度來告人。

你處處對人持教訓的態度時，你與人間已有了界限，眞理不能經過兩個有界限的心間之距離。

你當去宣露那呈現於你的心中的眞理，讓人自然的看見。

你不須用力舉示眞理，眞理自己會舉示他自己，而投到人們的胸懷。

當你宣露你心中所呈現的眞理時，你不必依照一定之次序，納入一太機械之系統。因每一眞理，他自己都是一中心。當你把他隸屬於一太機械的系統時，眞理被你加上枷板，他將要企圖逃走。

所以孤立的語句，表達眞理，常能使眞理放射其意義於各方面，而佔據一精神的空間。而在一系統中的許多語句，常互相容讓，以佔據一精神的空間，以致許多語句，常互相限制其意義之放射。

每一眞理都是一中心，眞理世界有無窮的眞理，所以眞理世界，有無窮的眞理中心。

然而你不能因此想像眞理世界之無窮眞理中心，是星羅棋布，互相分隔的。在眞理世界本身，一切眞理是互相融攝，而有一絕對的眞理爲中心。這絕對的眞理中心，也許莫有人能完全告訴你，他是你求眞理的心之歸宿。你覺得這絕對的眞理中心，使你感到可望而不可卽之苦嗎？那末我可以對你說，這絕對的眞理中心，卽在你愛眞理的態度之本身。無窮的眞理不只是多，因爲你愛眞理的態度只是一。無窮的眞理，在你愛眞理的態度籠罩之下，互相滲貫。因爲你愛眞理的態度，在其發展的歷程中，是前後自相滲貫的。所以包含無窮眞理的眞理世界本身之中心，卽潛藏在你愛眞理的態度裏。

第三節　說寧靜之心境

一　說寧靜

人類靈魂最高的幸福，是他的寧靜。

在寧靜中，你的思想情緒，在它的自身安住。

在寧靜中，你的性靈生活，在默默的生息。

在寧靜中，你的精神，在潛移默運，繼續的充實它自己。

在寧靜中，你的人格之各部交互滲融，凝而爲一，以表現於你自己心靈之鏡中，而你的心靈之鏡光，能自相映射。

二　說孤獨

在羣衆中，你生活於當時的時代，在孤獨中，你生活於所有的時代。孤獨的一個人，在一個人與莫有之間，蘊藏着無限。

在羣衆中，你不能認識世界的無限，因爲你只注意別人如何認識世界，你只覺他人的世界在你之外，你的世界，被限制了。

在孤獨中，你開始面對着蒼茫的宇宙。

所見所聞所思的一切，在你孤獨的時候，表現爲你心靈的圖畫。

畫軸的展開，依着你心靈內部的天樞。

心靈的光輝，自天樞縱橫四射，運行浸潤於無窮的畫境。

你的孤獨永遠不會使你寂寞的。

三　說凝視

寧靜使你充實，孤獨使你無限，凝視使你在最平凡的事物中，認識最深遠的意義。

在凝視之始，你的心靈與外境間，漸漸起了朦朧的輕霧。

世界帶着面紗，向迢迢的天邊退走。

你也似乎隨着世界退走，忘掉了你的立脚之地。

忽然輕霧散開，日光映照下的萬物，對於你分外的親密。

「一片花影，將引起你眼淚不能表出的深思」。

「一顆沙粒，將啓示你以永遠的天國」。

心靈在其所凝視之事物中，它可以流注他全部的靈海之潮汐。

如是在任何平凡的事物中，它都可認識出最深遠的意義。

四　說安定

安定的心靈，猶如太空，任白雲舒卷，明月去來，它永不留痕跡，總是空闊無邊，寂然不動。

你不要說：待我的什麼問題解決時，我的心便安定了。因人生總是有新的問題的。

你亦不要說：待我那些重大的問題解決時，留下的小問題，將不會如此擾亂我的心。

當你的重大問題解決時，你的小問題，便成爲你重大的問題了。

你不能等待到某一時，心靈才求安定。

你等待的心理之本身，是向外馳逐的，他自己便會創造出你無盡之煩惱。

你要求安定，你必需當下就開始安定，除此以外，莫有第二條路。

五　說失望

你不要悲嘆你的失望。

失望時，你發覺你所馳逐之物的幻滅。你的心靈，在有的依戀與無的空虛間顫動。你當反觀你這心靈中之韻律。這韻律，是你當下的詩境。你眞能如此反觀，你將暫忘了失望的苦惱。因爲你能反觀的心，他自身是安定的。

你只要有暫時能反觀失望而自身安定的心，便證明你是可以漸漸從失望中擺脫出來的。

暫時的安定，便可以擴張他自己，成永遠的安定，因爲他們是同質的。

假如在失望中，你不能由反觀你的失望而獲得眞正的安定，仍可以保持你的樂觀。

你要知道世界是萬象的流轉，你有限的生命，就流轉的萬象中，選擇一部，以爲愛惡，你是免不掉時時感到你所執取之幻滅的。

但是你可以隨時掉換你新的祈求，任你所選擇的之幻滅。

好比二三月瀑布上流的冰解凍，許多冰塊向瀑布下奔流時，你所站立的冰塊，雖馬上快要爲急流衝下去，你可以很快的離開那冰塊，而踏上另一塊。另一塊快要落下，你再踏下一塊。

于是，你縱然永遠站在瀑布之旁，你永不致隨波覆沒。

你的失望使你幻滅，你新的祈求，又代替了你的幻滅。

如是你將能承擔你一切的命運，而超越了命運。

你建築樂觀在悲觀之上，好比搭一橋，你在橋上，可靜觀命運在你心靈中經度。

由此靜觀，你可以由另一途徑獲得眞正之安定。

六　說煩惱

你不要爲過去的事煩惱，那是上帝已寫定的歷史。

你不要爲未來的事煩惱，未來的事尚未來，未來的你自己會承擔其自身之遭遇。

對未來的你作準備的事，是現在之你的義務。

但是準備的工作之進行中，是莫有煩惱的。

假如此外尚有現在當前的事，使你煩惱；你當分析你煩惱之事之內容，至於完全清澈，你必可求得一比較好的方法去解決他。

對於你比較好的方法，就是宇宙間唯一最好的解決你的煩惱之事的方法。當你眞在用一種方法解決你的煩惱之事，認眞在處理當前的事之過程中，你也不會有煩惱的。

煩惱生于健全生命活動之停滯。生命之流，莫有一定之軌道，而瘀積，而亂流。你只要在當前的事中，找着一生命活動之方向，你必不會有煩惱。這方向是可找着的，只要你反觀你生命之流，如何瘀積，如何亂流，而加以疏導，他一定會集中於一方向的。

你必需戰勝煩惱。煩惱使人生成爲黯淡。生命猶如種子，他要企慕日光，必須自黯淡的泥土中長出。

七 說懊悔

你不要懊悔你的過去。因爲時間之流，永不會逆轉。

如果你之懊悔，是因你覺得你過去犯了罪惡，作事未盡責任。這是一偉大的懺悔，這可以把你帶到眞正之宗教道德生活去。這不是一般的懊悔。

你的懊悔，通常是覺得過去某事產生之結果不好，你憎惡那結果，你于是懊悔作那件事。

在此，你便要想，當時的你只能見及此，現在的你當原諒當時的你。而且或許以世事之參伍錯綜，當時的你不如此做，會發生其他更壞的結果。

當你懊悔過去時，你會疏忽你現在當作的事；未來的你，又會懊悔你現在了。

你承認過去之不可挽救，你一方在精神上似有一種退讓；然而你同時自煩惱中超拔解放，而感另外一種精神的勝利。於是你可以開闢新生命於未來了。所以一個能不懊悔過去的人，被稱爲偉大的善忘却者。

八　說悲哀

你能避免煩惱，然而世間有不能避免的眞實的悲哀，如：離別與死亡，那怎麼辦？

眞實的悲哀嗎？他來了，你當放開胸懷迎接他。煩惱只是擾亂了你的心靈，眞實的悲哀，洗去你其他的縈思，淨化了你的心靈。

雨後的湖山，格外的新妍。你的視線，從眞實的悲哀所流的淚珠，看出的世界，也格外的晶瑩。

你將更親切的了解世界了。

九　說苦痛之忍受

當你無法超脫煩惱失望，及其他一切不能避免的苦痛時，我不令責備你，人有他無可奈何的時候的。

但是，你當知道人心靈之深度，與他忍受苦痛之量成正比。上帝與你以無可奈何之苦痛，因爲他要衡量你心靈之深度。

苦痛之鋤挖你的心，在你心上，印下慘刻的鋤痕。

上帝就在你的心田之鋤痕處，灑下他智慧之種子。因爲在苦痛中，你的心轉回來看你生命自身了。

青青的茁芽，自鋤痕深處，日漸萌茲，你的智慧之花，將要開了。

十　說快樂與幸福

你不能忍受過多的苦痛時，你需要快樂。

但是你當使你的快樂是嚴肅的。

你須要在快樂中，保存你內心之寧靜。

那是你精神的高貴之最好的象徵。

你永不可化你的快樂爲狂歡。

或者你爲解除你深心的憂鬱，你有時會需要狂歡，因爲他可以在一刹那間，燒化你深心的憂鬱。

但是你必須在第二刹那，就要捨棄他，如急流中之勇退，而回復你精神之高貴。

不然在狂歡以後繼起的心態，必然是你永不能塡補的空虛。

其次你須知道，人間的幸福常把人的精神往地上拖，而苦痛則如一鞭子，鞭人精神往深處走。

所以一切求精神上升的人們，無不感覺他所得之一些人間的幸福，常是一精神的負擔；覺一切崇高的榮譽、美滿的愛情、舒適的物質生活，足以窒息其心靈的呼吸，而願自動的逃避他；或在心靈中自己築成一防線，以防幸福之享受，將其精神向下拖。

但如你精神眞能支配你一切生活，你也可以不怕一切幸福之來臨，你也可以求一切人間的幸福。

因爲一切快樂與幸福之生活中，均有一種生命力之飽滿之感，你可以轉化此生命力，爲你精神上升之生命力。

然而你若眞是在以快樂幸福爲生命力之泉源而求他，你將永不願溺沉在幸福與快樂中。你對快樂幸福，將永取積極之利用態度，而不是消極的享受態度。

如你不能對於快樂幸福取積極之利用態度，以幫助你精神之上升，你便寧肯選擇苦痛來磨練自己。對於快樂幸福之自然的來臨，你也永不要撤消你心靈內部之防線，以免他使你精神下墜。

還有你當知道，快樂與幸福是一古怪東西。

他常如你之影子。當你追趕他時他走了；你當決心遠離他而逃跑時，他反來追趕你了。只有靜靜地踏着自己之影子者，才能獲得眞正的快樂與幸福。這是說眞正的快樂與幸福，在你能體驗你自己內部生活之價值與意義。

十一　說寧靜之突破

人類靈魂最高的幸福，是他的寧靜。

我們當努力保存我們內心的寧靜。

但是我們不可視我們已有的內心的寧靜，當作已完成，而自足於其中。

無論什麼好的心靈境界，當我們視之爲完成而自足於其中時，他便成爲我心靈本身之桎梏。

人常爲要使其心靈往深處走，求其內心之寧靜，而自己築成精神的圍牆，來與世俗隔絕。然而此圍牆，又常常會窒息一人之心靈、與他人心靈及世界間之呼吸，而將其心靈閉死。

你必須能突破已有的內心之寧靜，並願經度一切生命之狂濤。唯有在逆浪翻騰中，你仍能安定的掌着你心靈之舵，你的內心寧靜，才是眞正的內心之寧靜。

在你徜徉於大自然時，在你默坐於室中時，那種內心之寧靜，你必須突破它。你當從事於人生之各種活動，各種工作，看看你能不能於其中獲得內心之寧靜，表現你精神之獨立與自由。

一個有勇氣去經歷世界之狂濤，體驗人生各方面的意義價值的人，可以說是以他之生活經驗爲餌，去釣取人生智慧的人。

第四節 說自我之確立

一 說唯一之自己

在無窮的空間，無窮盡的時間中，你感到你的渺小嗎？你便當想到你能認識廣宇悠宙之無窮盡性，你的心也與廣宇悠宙一樣的無窮盡。

其次，你要知道，你的身體，亦非如你所見之七尺形骸。你呼吸，你身體便成天地之氣往來之樞。

在你身體內，每一刹那有無窮遠的星雲之吸引力，在流通。

在你身體內，有與宇宙同時開始的生命之流，在貫注。

你身體是宇宙生命之流的河道。宇宙生命之流自無始之始，滲透過你身體，而流到無終之終。

你生命之本質來自無始之始，終於無終之終。同時你如是之生命，是一亘古所未有，萬世之後，所不能再遇。

你猶如海上的逝波，你一度存在，將沉沒入永遠之過去。

你感到人生之飄忽嗎？

然而如是之你是亘古所未有，萬世之後所不能再遇，這即證明如是之你，是唯一無二的。

你之唯一無二，使你之存在有至高無上之價值。

因宇宙不能莫有你，他莫有你；他將永無處彌補他的缺憾。

宇宙莫有你，他將不是如是的宇宙，如是的宇宙，將不復存在，

你要珍貴你唯一無二之人格，如是的宇宙，依賴你而存在。

二　說信仰

唯一之你，必需信仰唯一最後的東西，爲你精神之所歸依，而你生命之流永繞着它環流。

這最後的東西，你可永不能證明，因爲一切的東西，都賴他而證明。但是你可不需其他任何的證明，你願意信仰他，就是唯一的證明。

你不能說你找不着你願意信仰的。

因爲在你未自殺以前，你是願意生活的。

你可反省出你生活中，有你所最愛的，認爲最好的，你必願意信仰這個。不管你所愛的所認爲最好的，其客觀的本身價值如何低微，你只要眞正把它化爲信仰的對象，而明白認識其中所包含的價值之自身時，它必將引導你去信仰包含更高價值的東西。

因爲一切價值，聯繫成一由低至高的層疊，低的價值永遠是向上翻抱，而融入高的價值中，信仰就是提升你價值認識由低向高的力量。

你應種下一信仰於你之心田，看他如何提升你之價值認識，使你精神發芽滋長。

同時你當對你精神之發芽滋長，自抱一虔誠的期待，猶如一小孩種下一豆在地上，而日日去看他那様，對生命之發芽滋長，抱一虔誠的期待。

三　說工作

你必需爲實踐你的信仰而工作。

在工作中，你的信仰之內容，獲得了他客觀的形式，發現了他的身體。你的信仰，在工作中，把它自己凝結，而更堅固了，所以你必需信仰工作。信仰工作，卽是信仰信仰它自己。

你必須信仰你的工作，你必須自認你的工作，有絕對之價値。但你工作之絕對價値，不是拿你的工作，同他人比較之結果。同他人比，你工作之價値，永是相對的。

你當明確的認識你的工作，都是實現一種非你去實現不可、唯有你能實現的價値。

因爲你是唯一無二之人格，所以你的工作，亦是唯一無二的。

如是，你將自認你的工作之自身有絕對之價値。

如是，你之信仰，成絕對的信仰，你之信仰，在其自身，完成它自己了。

你只當爲實踐你信仰而工作，爲信仰完成它自己而工作。工作隸屬于信仰，信仰隸屬于你唯一之自己。

你不息的工作，爲的開闢你唯一之自己。所以工作之意義，不在其所有之結果，而在工作本身。

方你工作時，你唯一之自己，在逐漸開闢。你必須反觀你唯一自己在逐漸開闢，逐漸擴大。那是你唯一之獲得，別人永不能奪取之獲得。

四 說羨妬

你羨妬他人，因爲你想同他人一個樣子。

你眞是想同他人一個樣子，而後有羨妬嗎？

其實不是，因他人並不羨妬他自己。

你羨妬他人，因爲你是你自己，而又想同他人一樣，你自己造出內在的矛盾，你才產生了羨妬。

你眞是你自己，又何以要同他人一樣？你喪失你唯一的自己了。

你羨妬人，你的本意，是要擴大你自己。

但是，你誤認了你之所有爲你自己。你覺他人所有多於你，以爲擴大你之所有，同他人一樣，卽是擴大你自己。如是你有了羨妬。

但擴大你之所有，不等於擴大你自己。擴大你之所有，你自己不曾擴大，你仍然感覺空虛。所以當你獲得他人所有時，你又產生其他的羨妬。

不是因爲其他可羨妬之物，又在誘惑你；是你自己內部的空虛，逼迫你自己去求充實他。

但是你走錯了求充實的路，你誤認你所有的爲你自己，你將永不滿足。

回到你唯一的自己，擴大你眞正的自己，你將遠離一切的羨妬。

五　說自强不息

什麼是眞正的自強不息？你無論何時不要念你之有所得。當你的心念外部之所得時，實際上你的心，已爲你「外部所得者」之所得，你的自動，成了被動。

連你內部心靈之逐漸擴大，你唯一之眞正獲得，你亦不當念他。因爲當你念他時，你會停滯了你心靈之繼續擴大的努力。

自強不息，是一永遠創造，永不感有所蓄積之態度。

自強不息的心靈，是一絕對無依之心靈。

六　說價值理想之無窮

自強不息，也不是一絕對無依之心靈，因爲他依于無窮之價值境界，他是要實現無窮之價值理想。

你覺得無窮的價值理想之實現，不知從何處開始，使你感着渺茫同畏怯嗎？你便要知道，在你生活中一定有你認識而未實現之價值理想，你努力去實現他，便是你的開始。

當你已實現他時，新的價值理想，自會呈露于你之前。猶如你登上你先望見的山時，再前山的境界，便不復渺茫了。

無窮盡的價值境界，依着次序展開，你只要有無窮盡的努力，是可以窮盡價值境界之無窮盡性的。無窮的價值境界，不在你的心以外；實現無窮的價值，只是實現你無窮的自己。你將有眞正的自尊。

七　說生活興趣之多方面化

你要努力去實現無窮的價值理想，你必須不怕你生活之內容豐富，生活興趣成爲多方面。

你的心感着多方面之興趣，如明月之留影在千萬江湖。這並不會擾亂你的心內在之統一，因明月雖留影在千萬江湖，其本身仍長住碧空。

你不要以爲多方面的生活，將使你對於每一種生活之意味或價值，不能深切的感受。在眞正嚴肅的生活態度裏，各種形式之生活內容，是互相滲透，而加其深度的。所以你所體驗之生活之意味愈廣，你所領略感受之生活之意味亦愈深，猶如你所見的空間愈廣，則所見空間當愈深。

八　說理想興趣之衝突

在不同的價值理想間，各方面的生活興趣間，有時會免不了衝突同矛盾，這將如何解決？

唯一的解決法，是反省當下時間空間中，所容許你實現的最好的理想，可滿足的最好的生活興趣。

當下的時間空間中，一定有他唯一能容許的、你所欲實現的比較最好的理想，或欲滿足的最好的生活興趣的，只要你耐心去發現它。

你可先發現它、先實現它、滿足它，然後去實現滿足其餘的。

你要知道這不是你失了自由，受了時空的限制。

恰恰相反，當你以當下的時間空間，作滿足你生活的興趣，實現你理想的坐標時，你的生活才有了重心。

你的心靈才不復是一夢游者，而在實際宇宙中生了根，同時賦與實際宇宙以精神的意義，成了實際宇宙中的電臺，集中你精神的電，而轉輸于全地球。

你的心靈，生根于實際宇宙，賦與實際宇宙以精神的意義，你的心靈，才成爲實際宇宙的主宰，而獲得眞正的自由。

九　說當下的滿足

也許有的時候，環境會完全不容許你實現任何的理想，滿足你任何的生活與趣。

那你便當推闡我們前所說的工作之意義卽在工作自身的話，而明了努力于理想之實現，努力于生活興趣之滿足的意義，亦卽在此努力自身。

只要你眞正的努力，若得不着結果，那由外在的環境去負責。只要你能對於你之眞正努力，有充分自覺的體味，你將發現，你的理想，已實現在開始努力的一刹那，你的生活興趣，在此一刹那中完全滿足。

只是對於你之努力之充分自覺的體味，你常常是做不到的。

十　說自殺

還有的時候，你將遇着對你同樣好，而絕對衝突的理想，在同一時空內，要求你實現它，你不能分出其先後之次序，而環境又只容許其一，這是你無法解決的問題。

但是這時你立刻發現，你之不同時實現兩種同樣好的理想，由于你的心身，是有限的心身。

你的心身之有限性，使你不能實現兩種理想。你的心身之有限性，阻礙兩種理想之實現。它是罪惡之原始。于是你悟到自殺之必要。

但是實際上，一切絕對衝突的理想，決不會眞正是對你同樣好。

你若能耐心去衡量比較，一定會慢慢發現其中之一，是比較好。你將覺得你仍當留下你的生命，去實現那比較好的理想。不過，在未發現孰爲比較好之時，爲要同時完成兩種理想，而不惜你的生命，你是能忠於你之全部理想的。所以一個因此而能下最大決心去自殺的人，也是可贊許的。

十一　說自殺之失敗

你用了最大之決心，去斷絕你之生命而自殺。然而在自殺之際，你可爲了更大的人生義務之未盡，或以求生意志之不能征服，或他人救了你，而自殺不成，是爲自殺之失敗。

我們說一個曾決心去自殺，而又經驗自殺之失敗，再重新建立人生的人，將成一最有勇氣的人。

人只在生命存在之際，不能眞了解生命之意義。只有自覺的走到生命之邊緣，而在生死之際掙扎，了解死生之際的人，才能眞了解生命之意義；猶如只有走到海邊的人，才能眞了解大地。

只有戰士與自動拖着他生命歷史，去奔向虛空的自殺者。他才能眞了解什麼是他全生命的死生之際。

所以一個自殺者，如果自殺失敗而復生，他于復生後，便能再來回顧他所拖去奔向虛空之全生命歷史，他便能眞自覺其全生命史中之價值與意義，而以之爲建設新人生之資本。這些資本，是已讓與虛空，而重新獲得之意外的資本。

他自虛空中取回之資本，他不把它重沉入虛空。于是他將盡量用此資本，投資于未來之生命史中，而能冒一切危險而不懼，他遂可成爲最有勇氣的人。

十二　說內心矛盾衝突之價值

我們雖然說明了你的一切理想興趣之衝突矛盾，都可以解決，我知道你仍然怕有內心之矛盾衝突，于是當內心之衝突矛盾來時，你莫有勇氣去承担。

你可以說，縱然我們能解決一切內心之衝突矛盾，然而當我們感受內心衝突矛盾時，我們內心的統一，被撕毀向四方分裂，雖然最後得了解決，我們生命的力量由衝突與矛盾，而互相抵消，因之變微弱了。

然而你的話，根本顚倒了事實。

說矛盾衝突，使你生命力量薄弱，非全無理由，但這由于你未徹底解決你之矛盾衝突。你若眞解決了你之矛盾衝突，你將覺你所感一切矛盾衝突，皆所以更充實你內在的自我，而使你生命力量更強。

你的矛盾衝突，使你生命力薄弱，猶如兩股水之互相衝激，使他們的水力都不能利用。但是只要兩股水，由互相衝激而滲融了，向一河道流下去時，他們的力量，却必然的遠較平靜的兩水之混流，所發生的力量爲大。

十三　說留戀

你永遠努力實現理想，求生活興趣之擴張，然而兩個東西拖着你，一是留戀，一是疾病。

留戀使你最難堪，因爲他表示一種有價值的東西之不復存在，你是愛有價值的東西的。

兒時的歡笑聽不見了，青春的喜悅不再來，壯歲的豪情已消失了，一段一段的生活經驗，向迷離的烟霧中沈入。

你愈是捕捉他，他愈是遠——遠———

你在時間之流中蕩着行舟，只看見烟霧迷離中的舟行之迹，再也不能溯迴。過去不能重來，現在也要過去，過去又似一無底之壑，它將吞盡我們生命自身之流水。

但是你錯了！

一度存在的東西，便是永遠存在的。

你的生活經驗不重來，因爲他長住在你曾經驗的時候。

他永遠在你經驗他之時。

亦卽永遠在你經驗之中，

過去的歡笑、喜悅、豪情，永遠在你心之深處，灌漑你生命之苗。他們似乎離開你，爲的要讓位你的新經驗，使你開更燦爛的生命之花。你不能努力你的現在生活、未來生活，只留戀他們，你孤負他們離開你的意義了。

十四　說疾病

你不要只咀咒疾病。你要想想，爲什麼在病後覺一切的風物分外的淸新。這證明在疾病中，你精神之渣滓，隨疾病而傾瀉了。

疾病呼召你的精神，從外物的世界，到你的身體，凝注你精神于身體中；然而他同時使你感到你的身體，對你精神是種束縛，是賜與你精神之痛苦的。

你的精神，因而認識充實革新他自己，以求得自由之必要了。你的精神，於是在你不知的境地，開始作充實革新他自己的工作，把他內部的渣滓，自行傾瀉。

如是你在病後總感到一新生命的開始。

所以如你在病後不能開始你的新生命時，必是你的精神自身病了，那需要精神之藥物。

第五節　說價值之體驗

一　說價值之體驗

你努力實現價值，你必需體驗價值。

你必需在自己存在的事物中，現實的事物中，去看出價值，發現價值。你必需把當前宇宙視作充滿價值之實現的境地。你必需知道凡是存在的東西，在其最原始之一點上，都是表現一種價值的。

當你把現實的存在與價值分離，只視價值爲個人內心的靈境時，你所體驗的價值範圍太狹小了。

你最後將覺唯有你個人實現價值之孤心，長懸天壤，除了那眞善美之價值世界之自身，你不知你的心將寄托於何所，因現實的存在，在你看來都是醜惡的，反乎價值的。你不能忍耐你深心的寂寞時，你自己實現價值之努力，也將鬆弛了。

所以你必須自現實的存在中，去發現價值，在產生一切罪惡的事物中，去發現價值，猶如在汚池中去看中宵的明月。因爲一切產生罪惡的事物，其所以能存在之最原始的一點，仍依於一種價值。

我們是愛有價值者，我們帶着期望的心，隨處去發現價值。在最平凡的人與人相處間，在最簡單的日常生活中，與在人類高尚的文化努力中，我們當同樣求了解體驗其價值。

我們姑且先忘掉世間之一切醜惡吧，我們將覺到宇宙人生原是這般可愛的了。

二　說人間之善

你覺得人與人只有互相殘害，人間世是冷酷的嗎？

你錯了，在根本上，人與人是互相親愛的。

你可曾想：人相見招呼時，總要微笑，是因爲什麼？

這自然的微笑，表示人根本上是歡喜他的同類的。

微笑之下，也許掩藏着互相利用的心理，良善的語言後面，有人們的私欲。但是，人們必須以良善爲面具，這是證明了人們是忘不了良善的。

世間也許有不愛名譽，無惡不作的小人，也許他還會以他的罪惡自豪，說他敢於爲惡。

但是他如此說時，他的內心，已自以爲他如此作是對的了。

「對」的觀念，他始終忘不了。

他自以惡爲對的，所以他爲惡了。

他誤以惡爲善，所以他爲惡了。

他依於根本的人類向善之心，而後有爲惡之事。惡人的善端不能絕，所以惡人都是可以爲善的。你只要使惡人不復以他的惡爲善，他將爲善了。

人們善「善」，善以其自身爲善，善自己肯定它自己。人們惡「惡」，惡以其自身爲惡，惡自己否定它自己。善最後是要勝利的。你眞如是信仰，你將不會感覺世界永遠充滿罪惡了。

三　說世界之變好

假如你問我現在充滿罪惡的世界，眞可以變好嗎？

我的答覆是，你先問你自己可以變好嗎？

假如你的好者亦可壞，你的一切之好可以喪失，世間莫有任何的好，不可以喪失；因爲好的種類雖不同，好之爲好，總是一樣的。

假如你的壞者都可變好，世間莫有任何的壞，不可以變好；因爲壞的種類雖不同，壞之爲壞，總是一樣的。

所以只要你好，世界便可變好，因爲擴大你的好，便成世界的好。世界之好壞，不繫於世界本身，而繫於你自己。

假如你問我，你自己可以變好嗎？我仍可與你以答覆，答覆是：你可以變好的。

因爲當你問世界可否變好時，你是希望世界變好，怕世界終不會好。你問你可否變好時，你是希望你好，怕你自己終不會好。你對好壞無所取捨時，你不會發生這問題。

你發生這問題時，你已在取好捨壞了。

你反省你當下的心境，你必承認我的話，

你在取好，你在向好，我相信你可以變好的。

如是，你當相信世界眞可以變好的。

四　說謙恭

人格的建立始於自尊，然而我們對人仍應有一般的謙恭禮敬是爲什麼？因爲眞正的自尊者，必同時能了解他人亦爲一自尊者，因而必能尊人，而對人有謙恭禮敬的。

而且眞正的自尊，出於自己對於自己向上精神之自覺，自覺自己之向上精神通於無盡之價値理想。然而人有如此之自尊時，同時也自覺自己未實現這些價値理想，自覺自己有未實現之更大之善，于是會自然的想到：也許有許多更大之善，已實現在別人之人格裏。

我們不能證明：別人的人格中無更大之善之實現，因爲我們永不能了解別人心靈之全境。

而我們愛善之實現的心，却常無間隙的逼迫我們，使我們與人接觸時，在第一念中不容已的相信：那更大的善或已實現在別人之人格裏。於是我們自然的常覺着別人的人格價値或高於我，所以我們對於普通人都有一般的謙恭禮敬。

這是人與人見面時，不假安排的會互相點頭的眞實原因。

我們把這種禮節，只視作社會的習俗，人與人互相容讓之象徵，那不算了解這種禮節之眞實義。

我們自然發出的對人謙恭禮敬之態度，會施於不値得我們對他謙恭禮敬之人。然而我們縱然發現了別人人格之低微，我們仍當有表面的禮節。這也不能只視作社會的習俗。

這因爲我們相信，別人人格是獨立的人格，他永遠有實現更大之善之可能，我們必須對別人此種向善之可能禮敬。

這是表面的禮節，有時不能避免的根本義。

五　說相信人

當你同人接近時，莫有十分確切的證據，你不要想他也許有不好的動機，這不僅因爲你誤會而誣枉人，你將犯莫大的罪過；而是因爲當你的根本人生態度，是向善的時，你的第一念，必是想他人亦與你同樣的好善。

你必是常常希望看見他人之善，你將先從好的角度去看人。

當你先從不好的角度去看人時，你要反省：你的精神在下降了。

眞正的對人之相信，猶如眞正的謙恭禮敬，都是由我們愛善之心自身流露出的。他們是原始的心情。

我們不是先發現人值得我們對他謙恭禮敬相信之處，而後對人謙恭禮敬，對人相信。

我們是先有那原始的對人謙恭禮敬、對人相信之態度，而後能發現人之值得我對他謙恭禮敬、對他相信之處。

假如我們根本是缺乏那原始的態度，縱然別人有值得我謙恭禮敬與相信之處，我們也會看不見的。

你要想發現值得你對他謙恭禮敬的人，你須有自然發出的對人謙恭禮敬的態度；你要想發現可相信的人，你須先有願相信人的態度。

也許有一天你發現你所信的他人，其好都在表面，其內心不可問，你沒有法相信他了。

但是你最好仍是指出他表面的好，向他表示我相信你是向好的。因爲他還要表面的好之一點，確是好的。

你相信他是如此，他也將相信他自己是如此。

他表面的好，將從他心之外層，沉入他心之內層。

人與人間的嫌隙，常由彼此疑慮而生。人與人彼此復疑慮着：別人對我已有不可解之嫌隙，于是使彼此之嫌隙，成眞不可解。

彼此疑慮，造成更多可疑慮之事實；彼此互信，也造成更多可互信之事實。

六　說寬恕

你對人應當寬恕，因爲也許他人之對你不好，不同于你，由於他在努力于你所未見的更大的善。

縱然你十分自信的知道別人之對你不好，不同於你，是他犯了罪惡同錯誤，你也當寬恕他。

因爲他的遺傳、習慣、教育，只能使他這樣子。

假如他眞可以好一些，他實際上當已經好一些了。

假如你希望他好一些，這責任便在你身上。

這希望不是你所發出的嗎？

世間有最不寬恕他人的人，這樣的人，我知道你最難寬恕他。

但是當你能寬恕最不寬恕他人的人，努力使最不寬恕他人的人，成爲寬恕者；你的寬恕，成最偉大的寬恕了。

七　說惡惡與好善

你當自好的角度看人，你當相信人都可變好，對人謙恭寬恕。但是你在與人接觸時，突然發現隱藏於善的面目下之罪惡，看見惡人毀滅了眞正的善人，你親切的感到你所愛的善之喪失，你必然忍不住你的義憤。

當你歸來默坐時，你可以想一切惡人未嘗無向善之機，惡人本身亦是可原諒的，以致你可對惡人之犯罪，生一種悲憫。

然而因爲你之更愛已實現之善，你永遠不能制止你明朝遇見同樣的事時，將發生同樣的義憤。

所以爲了好善，你必然將去作扶持善人、懲治惡人之事。如其不然，你決不是眞正好善者。

只是你永不可忘了你之惡惡，出於你之好善，你永不可爲惡惡而惡惡。因爲當你爲惡惡而惡惡時，你的心只以惡爲對象，向它投射你的恨惡。於是當你恨惡「惡」，而不能去它時，你的恨惡達不到它的目的。它失敗了，它必將退藏而收斂。——因爲一切向外的情緒之本質，都是如此——最後你將覺惡並不值恨惡，你自己將與惡調協，以至同化於惡。

八　說了解人

你當了解他人，以你的心貫入他人的心。

但你當先了解自己，因爲你只能根據你自己，去了解他人。

但是你必需根據你對于你自己的了解，去了解他人，你才能眞了解你自己。

因爲在你去了解他人時，在他人中，你才看見你自己的影子。

你眞能了解他人，你便能使你自己爲他人所了解，因爲你的心是開的。假如你不能或不願被人所了解，這證明你的心有墻壁，透露不出你心之光輝。有墻壁的心，是不能眞了解人的。

當你不能爲人所了解時，你不要卽據以證明自己之偉大。偉大的日光，決不會使卑暗的地方，看不見他。

眞正的心之光輝，流入他人的胸懷，如水銀之瀉地，是無孔不入的。

你要衡量你了解人的程度嗎？你須先衡量，你願被人了解、與能被人了解的程度。

九　說隔膜

人與人在某些事上，在一個時間中，是可以不相了解的。
你的心開了，但是他的心總是牢牢的閉着。
你覺得人與人間的隔膜，是最大的悲劇嗎？
但是他的心閉着，你的心當更盡量的開。
他不了解你，你當更盡量的了解他，
當你了解他何以不能了解你時，你便不當再勉求他了解你了。
你勉求不能了解你的他了解你，你便不能算眞正了解他了。
而且你要知道，沒有一種事情上的隔膜是永遠的，只要大家都有眞誠的心。
他的心閉了，但是人的心，不能永遠閉着，那會將人悶死的。
還有，任何關閉的心，必有他的窗戶。
你的心繞着門牆尋找，你必可覓得他的窗戶。
你只要跳入他心之窗戶，循着路道，你一定會把關閉的門打開。
所難的是，你也許尋不着正當的路道。你困在他心之黑暗處。但是你有你心之光來照耀——這就全看你心光之大小了。

十　說語默

你應當謹愼你的言語，因爲它是你靈魂的聲音。

你不能說誑。你說誑，不僅欺騙他人，欺騙自己；你說誑是利用了言語，言語將要對你報復。

報復的方法，是當你需眞實的言語，來代表你靈魂的聲音時，你會將缺乏適當的言語。

因爲你說誑時，你的心與言語分爲二，言語便會繼續與你的心分爲二了。

你應當節制你的言語，因爲常常沉默是最大的言語。

你不要以爲沉默，將使你失去與他人交通之媒介。

因爲你的精神在不言語時，他自己會去尋求更好的表現工具。

你的目光、你的呼吸，都能更強有力的傳遞你心靈的消息，給與你眞實的朋友。

十一　說愛

人間的結合，最高的，是愛的結合。

愛是相愛的人的生命間之滲融者，貫通者。

愛破除人與人間之距離，破除人與人間各自之自我障壁，使彼此生命之流交互滲貫，而各自擴大其生命。

所以愛裏面必包含着犧牲。犧牲是愛存在之唯一證明。

人類個人與個人間之愛，最眞摯有力的，是父母對子女之愛，因爲這是生命原始愛流之順流而下。

最肫懇可貴的，是子女對父母之愛，因爲這是生命原始愛流之逆流而上。

最深長雋永的，是兄弟姊妹之愛，因爲這是生命原始愛流之枝分派衍。

最細密曲折的，是夫婦之愛，因爲這是一生命原始愛流，與另一生命原始愛流之宛轉融滙。

最複雜豐富的，是朋友之愛，因爲這是不定數的生命原始愛流之縱橫錯綜。

這五種個人與個人間之愛，你至少必須有一種曾眞正體驗，不然，你須忽然悟到超個人與個人間之愛；再不然，你生命的泉源，將枯竭了。

十二 說離別

在愛裏面，生命與生命相滲融貫通，成一整體，離別與死亡又撕碎他，然而你仍不當只看見此二者之負面價值。

你當知離別與會合，是人生應有的節奏。

在離別後的憶念中，你的情思向空中拋擲，但聽不見它的回音，它無所繫著，又重落到你的心中，但是它落得更深；所以離別愈久，將蘊蓄更豐富更深厚之情思。

待重會時，它流到你所親的人之心裏。

十三 說死亡

親愛的人死亡，是你永不能補償的悲痛。

這沒有哲學能安慰你，也不必要哲學來安慰你，

因爲這是你應有的悲痛。

但是你當知道，這悲痛之最深處，不只是你在茫茫宇宙間無處覓他的音容。同時是你覺得你對他處處都是罪過，你對他有無窮的咎心。你覺得他一切都是對的，都是好的，錯失都在你自己。

這時是你道德的自我開始眞正呈露的時候。

你將從此更對於尙生存的親愛的人，表現你更深厚的愛，你將從此更認識你對于人生應盡之責任。

你覺唯有如此，才能挽救你的罪過于萬一。

如是你的悲痛，同時幫助你有更大的人格之實現了。

十四 說愛與敬

眞正的愛，是愛他人的生命，同時是愛他人的人格。

他人的人格，是獨立自主的，都是價值之實現者，都可以實現無盡之善，上通於無盡之價值理想。

所以愛裏必需有敬，愛當同時包含敬，你施與人的愛與敬，必須平衡。

假如你施與人的愛，過于你施與人的敬，他人在你熱烈的愛之卵翼下，雖然感到你洋溢的愛流，可與他更多的溫存；他會同時感到你的愛對于他的自尊心，是一種壓迫；他或許會感一種不可名言的苦痛。

其次，你敬他人的人格，是因爲他可以實現無盡之善，上通于無盡之崇高的價值理想。然而你之敬他人，本于你之愛他人，你眞愛他人，你當使他人成爲更可敬。你當努力幫助他人實現其無盡之善，無盡之價值理想，以完成其人格，這是你對他人最深的愛。

愛通過敬，而成了最深的愛。

愛通過敬，而完成它自己，成爲眞正的愛了。

十五　說對人之勸導

當你的愛通過敬，而以完成他人人格爲目的時，你對他人之過失，當不惜嚴厲的勸導。

但是你必需深切認識人之犯過失，其最初的動機都不是壞的。一切過失都生于流而忘返。所以犯任何重大過失的人，你假如問他，他都可以找出一好的理由，爲他全部過失所依而存在的。所以你最好的勸導人的方法，是先去發現他所認爲善的，並承認他，而加以啓發。

因爲人類的一切善行、善觀念，決不是互相分離。在本質上，永遠是互相流通、吸引、升化的。你只要能深察道德意識之本質，你一定可以指給他看，對他說：你所認爲善的，如果眞要完成，便必需連帶具備其他的善行、善觀念，而改掉你的過失。

有時，你也可以因爲他所認爲善者，爲他全部過失之保護，你要改造他全部過失，你須先摧毀他所認爲善者。但是你必須先估量確實，你一定可拿更高的善之觀念代替它，或他的內心定可湧現出其他的善之觀念。不然，你摧毀了他所認爲善者，他將自甘墮落，而以其墮落本身爲善。

啓發是勸導人最好的方法。啓發時須避免明顯的言語，而用暗示的言語。這不是只爲顧念人之自尊心。因爲人之過失，既然總可找出一好的理由，所以人常常可以擴大他所謂好的理由的意義，而替他自己解說。他不一定是有心文過，他常是不自覺的自欺。如果你的話不能折服他時，你將加重他的過失，而失去你忠告的效果。

這時你所需要的，是巧妙的暗示言語。因爲巧妙的暗示語言，常常能够在人心不自覺的暗蔽處，開一道側門，使他人心靈的光，自然反轉來，流到其他的善之境界，而自己看見自己的過失。

十六 說愛之擴大

你的生活之原始愛流，必須流到江河，流到海，流到洋，不然它將要倒流，最後只愛你自己。愛流之進行，永遠是不進則退的。

這是說，你當努力擴大個人與個人間的愛，依照愛流前進之自然程序，而愛你的民族，愛人類，愛一切的生命，成爲無盡的愛。

當你的愛成爲無盡時，能眞實的反觀你的愛之本質，你將覺宇宙間只有愛，愛是天心。

你不復覺是你在愛，你將覺愛表現于你。

你不復覺愛表現于你，你如覺愛之自身，對你也有一種愛。

你可以對于愛之自身對你之愛，生一種最深的感激之情而流淚。你將愛愛之自身。

當你愛愛之自身時，你的愛由道德入于宗教。

如是你的愛發展成最完滿的愛。

十七　說讚嘆與崇拜

當你敬他人人格時，你或將發現他人人格中所含之價值，遠較你爲高。

你覺你不能促進他人之人格，只是他人的人格，在提昇你的人格，

你的敬逐漸的增加，你的愛隱沒于敬後去了。

你似乎只有敬，你覺你不配愛。

你伸展你的敬，想同他人人格之頂點連接，

但是你覺你的敬，只能達到他人格之邊沿，你的敬，望不到他人格之頂點，

如是你的敬，轉變成讚嘆與崇拜。

然而讚嘆與崇拜，正是你對個人的愛之一種最高形態。

這就是我們對于偉大人物之愛。

你的愛之發展，必需包含對偉大人物之愛時，你的愛才能至于最高；所以你需要有心悅誠服的師友，終身歸命的先知，足以使你五體投地之聖賢豪傑，爲你崇拜讚嘆之對象。

如果現在沒有，你當自歷史中去尋找，如果歷史中沒有，你當在神的世界去找；你必須讚嘆上帝，崇拜上帝，讚嘆佛，崇拜佛，視他們如具備最高價值之人格。

十八　說文化

你尊敬人的人格，讚嘆偉大人物之人格；你當尊敬讚嘆由人的人格、偉大人物的人格所創造之文化。

你尊敬人的人格，讚嘆偉大人物之人格，是尊敬讚嘆其能努力實現極高的價值，你是尊敬讚嘆其精神；所以你尊敬讚嘆其所創造之文化，你也當自他們在文化中所表現之創造精神看。

如是，你將自文化中看出生命；如是，你將以文化之生命充實你自己之生命。如是，你將覺文化之生命，與你之生命，合爲一體。如是，你的生命將與文化之生命，同樣廣大；你生命之開拓，將隨人類文化之開拓，而日進無疆。

十九　說科學

當你學科學時，你若是單純爲着當前實際的應用，你沒有了解科學之精神。

你當自科學中，看人類如何以他的思想，彌綸宇宙，

要在他思想中，描畫宇宙之面影；要以他微小的腦髓，吮吸宇宙之精蘊；要探望至遠的星雲世界，要穿透至小的原子核；

要追索生命之起源，地球之原始；要預測人類之末日，世界之命運。

你當自科學中，看人類如何想以他的行動重造宇宙；

要以他的行動賦宇宙以新意義，要以他區區的兩手，據宇宙于懷抱；

要想控制地震，控制日光，要想飛度星球，建設太空之航路；

要想征服疾病，征服死亡，要想化穢土爲淨土，化人世爲天國。

你當自科學中看出人類之智力，人類之雄心。

如此，你將對人類科學之成就，致其無窮之讚嘆。

二十　說藝術

如果你欣賞藝術，而只爲官能之享受，情緒之安慰時，你侮辱了藝術之尊嚴。你當自藝術中，看出人類精神之最偉大的勝利。

藝術的材料，只是物質世界之聲音顏色，
然而經過藝術家的心，聲音顏色，都成了人類心靈之象徵。
簡單的七音，組織成音潮澎湃之音樂。
簡單的五色，變成光影重重之圖畫。
簡單的石塊，堆積成高聳雲霄，橫臥大地之建築。
物質經了藝術家的手，成爲精神之工具，渲染了精神之彩色，
精神經了藝術家的手，穿了物質的衣裳，自由來去于聲色之世界。
這不是精神最偉大的勝利嗎？

二十一　說哲學

當你讀哲學書，只是一心去看它如何解決哲學問題，一心想看其結論，你不能認識哲學之眞價值。
你當自哲學中，看出哲學家心靈之彌綸萬象。
哲學家以他的心，游泳于知識之百川，然而他最後要歸于一中心觀念。
他要以一中心觀念，說明世間一切知識何以可能。

他視其中心觀念如海，以倒吸千江之水。

他縱身自眞理之江海，擧示人類知識境界中，萬派朝宗之大觀。

你必須如此看哲學，你才了解哲學之價值。

二十二　說教育

你當自教育中，看出人類最高之責任感，最卓越之犧牲精神。

眞正的教育家，是眞正的愛之實現者。

因爲他愛的是兒童之人格，他在兒童中，看出無盡向好的可能性。

他在兒童的人格中，看出每一兒童，都可完成其最高人格之發展，都可成爲聖哲。

然而他同時看見這一切向好之可能性，可永不實現，另外有無盡向壞之可能性。

向好是摩天的高山，向壞是無底的深淵。

他攜着兒童在崖邊行走，他永懷着慄慄之危懼，他不能有一息之懈弛。

他時時須以他的心，透入兒童的心中，領着他前進。

他如慈母之育子，永不曾想着他自己。

他看見他教的兒童日益長大，人格日益充實，是他唯一之歡喜。

他連完成他自己人格之心，都不曾有，這是他絕對的犧牲。

我們看出他這種絕對的犧牲，正是他最高人格之表現。

然而他並不如是想。這是眞正偉大的教育家之精神！

二十三　說宗教

人類之無盡的努力，必需求無限與完全、至眞、至善、至美爲歸宿；否則他將覺其努力繫于虛空；所以在宗教中，人類相信至眞至美至善無限與完全之神。

你說人對神似乎太渺小了，他只覺充滿了罪孽，他在求神之助力，要神來超度。

然而人眞相信神時，神在人心中住了。當無限住于有限時，有限即不復只是有限了；當完全住于不完全時，不完全卽不復只是不完全了。

人戰勝他的欲望，克服他的有限與不完全，而體合于無限與完全。

克服自己比保存自己，是更艱鉅的工作，而神只保存其無限與完全之自己，人類似比神更偉大了。

如果說神創造人類，他卽是在創造比他更偉大的東西。神能創造人類，神比人又更偉大了，然而神依然住在人心靈之中。

當我們眞能玩味此連環的眞理時，我們當另有一宗教的智慧。

第六節　說日常生活之價值

一　說在日常生活中發現價值

你說：「我們不能只讚嘆人類文化之偉大的成就，我們還須回到日常生活之世界。無論哲學家怎樣想崇高的價值理想，我們日常生活之世界的支配者，還是飢餓、愛情、名譽、權位、金錢、實際政治、實際經濟，那都不是什麼價值理想，那是我們生活中必需的事實。」

但是你錯了，當你眞以價值的眼光去看世界時，世界只是價值之流行境界，一切人生事業，都依于價值之實現。你說的那些，其本質仍是實現一種價值，你仍當努力實現價值于其中。

當你只從實際的必需去看那些時，你同我們分手了。

二　說飲食

假如你說：飲食是爲的滿足你的食欲，你錯了，因爲你不知道何以有食欲。假如你說：你有食欲爲的保存生命，你也錯了，因爲你不知道何以有保存生命之本能。

假如你說保存生命之本能，是生物所同具，生物要求存在，所以有此本能，你也錯了。因爲你不知道，世界何必有賴很多飲食而後存在的生物，自無生物的世界進化而來。礦物不需什麼飲食，豈不更存在得久嗎？

人飲食爲的什麼？我們說：人飲食，是爲的使他生命的意義，貫注到食物裏面。

當食物到口中時，身體外的物，流到身體內來了，身體與外物開始溝通了。這溝通，是要產生一種身體與食物之互相滲融。粗糙的食物，將變成精緻的細胞；低級簡單的構造，將變爲高級複雜之構造；高級複雜的構造中，將呈現更完整的和諧。

更完整的和諧，卽是新的價值之實現。

我們在飲食，我們是在新開始實現一種新的價值。飲食之實現價值，與人生之一切活動之實現價值，在本質是同類的。一切價值，聯係成一由低至高的層疊，最低的價值上通最高的價值。假如低的價值之實現，爲高的價值的實現之必需的基礎，低的價值之實現，與高的價值之實現，可是同樣神聖的。

所以飲食本身不是罪惡，罪惡只產生于爲低級價值之實現，而淹沒我們高級價值之實現的努力的時候。縱飲食之欲，才是罪惡。

然而我們眞知道我們之飲食，是爲實現一種價值，我們是爲實現此種價值而飲食，我們將永不至縱飲食之欲。因爲一價值觀念透露至欲望之前，它將牽引高級價值觀念，來權衡此欲望之自身。

我們將爲實現更高級之價值，而節制我們的飲食。如果更高級價值之實現與飲食衝突，我們將全會犧牲我們的飲食之欲，來實現更高之價值。而且如果宇宙間有一種最高之價值，其中包含一切價值，如宗教家所實現之價值，我們實現了那種價值，我們當不需飲食。這是可能的，假如人不信，這證明他還沒有了解飲食的意義。

三　說男女之愛

假如飲食不是爲求生存，男女之愛生于性的要求，最後爲傳種的學說，亦明顯錯了。

我們不要因看見兩性間有形色的慕悅，身體的接觸，以爲眞有所謂生理要求。

要知道身體的接觸，只是一外部之象徵符號，這符號所象徵的眞實意義，才是身體接觸的內蘊，猶如詩意本身爲詩句之文字之內蘊。這內蘊是一個生命精神，要與另一生命精神相貫通。兩個生命精神，要共同創造一種內在的和諧，而後每一生命，都具備一種內在的和諧。

形色的慕悅，其實只是所以袪除兩性間距離之一種工具，其作用是消極的而非積極的。男女之所以必需衰老，而失去他們青春的光彩，就是因爲在他們的距離既袪除，內在的和諧既創造成功以後，便須復歸于那本原的素樸。

我們也不要看了兩性的結合，以爲眞爲的傳種，兒子的身軀，也只是一象徵的符號。

所象徵的是他父母曾有一種內在的和諧。這內在的和諧，宜有一實際存在之兒子的完整的軀體，來作證明，而表現於客觀宇宙。

兒子的軀體，是父母之內在和諧的象徵，父母的軀體，是父母之無窮代父母內在和諧之象徵；而兒子又將與其他異性，共同創造內在的和諧，而有無窮子孫。所以每一個男女的軀體，都是無窮的內在和諧之系統相滲透之象徵，他又將滲透入一無窮的內在和諧之系統，而被象徵。

和諧是宇宙之一種美。

和諧之價值，宇宙之美之價值，要求具體實現他自己，創造出男女的愛情，子孫的身軀，要人類的生命永遠延續下去。

所以在男女的愛中，從根本上看，原無所謂生理要求，身體接觸。它們只是象徵之符號。它們只是和諧之價值，要求客觀化具體化，而透露于我們的影子。人們之常須經度此影子，他們只爲達到「眞實」。

男女之愛，依於和諧之價值之一種表現要求。他有宇宙之意義。所以爲了達到「眞實」，人們也可以毁滅此影子。相愛的男女可以殉情，而共同焚化他們的身體于火山之下。

生物學家對它的解釋，永遠只是表面的。

四　說婚姻

婚姻是男女之愛凝注成的形式。

但是婚姻制度存在之根本意義，不是爲的保障男女之愛，也不是爲避免社會的糾紛，那些只是婚姻制度之附帶的效用。

婚姻的要求，乃依于男女之愛要求永遠繼續，互相構造，而日趨于深細，以實現兩人格間最高度的和諧。一夫一妻的婚姻制度，把男女關係固定，使有眞正心靈之滲透。如我們之把兩鏡之地位固定下，而使它們眞能傳輝互瀉。其所以要互守貞操，亦不是依於男女之互相佔有，而是因爲必需一鏡對一鏡，乃能映放上彼此之全部的影子，不然則將鏡光交加而錯亂。

人類不是爲要保障男女之關係，避免社會的糾紛，而製造出一夫一妻的婚姻制度，以互相限制。乃是因爲男女之愛，生于兩人格間要求和諧，和諧之價值自身要求絕對的繼續，永遠的表現于男女兩人格間，所以形成了外表似乎在互相限制的婚姻制度。

假如我們只認識此制度之限制的效用，我們不算了解此制度之積極的價值。

五　說男女之愛之超越

我們了解了男女之愛，是實現兩性間生命精神與生命精神之和諧價值；我們便須在男女之愛中，努力於此和諧價值之實現。

但是正因爲我們了解男女之愛，不外是實現兩性間之一種和諧價值，我們便可超越男女之愛。因爲和諧價值之觀念，到了我們男女之愛之欲求之上，便能轉而支配此欲求本身了。

于是我們可爲了要實現他種之和諧價值，如民族之和諧、人類之和諧、或其他更高之價值，如文化之價值，而與男女之愛衝突時，犧牲男女之愛。

於是我們在不幸的婚姻中，我們覺不能實現我們理想之和諧價值時，我們可以立刻轉移我們的活動，以實現其他的和諧之價值或其他之價值。

于是我們亦可以學許多偉大的哲人、宗教家，反顧其靈魂的秘藏，在自己心中發現永遠的女性，具備最高貴的男女之愛中，同樣內在的和諧，不必待人間的伴侶，在終身孤獨中，仍然能獲得寧靜與滿足。

六 說名譽心

你爲什麼要名譽，要人尊敬你？因爲你自己尊敬你自己。你爲什麼尊敬你自己？因爲你自認你之人格是有價值的。雖然你對於你之價值在何處，未必都有明顯的自覺，然而你的直覺，必然是如此。所以自根本上說，你之望人尊敬，要名譽，是因爲希望人能認識你人格之價值。不然，你何以只將你的好處，向人表示，而隱飾你的壞處？

你之望人尊敬，要名譽，是希望人的心聯結於你的心，同分享你人格之價值，希望你人格所具備之價值，表現於他人之心而普遍化。

價值普遍化，本身是一種更高之價值。

你是爲實現此更高之價值，而有名譽心。這是名譽心之眞正起源。

但是你希望人認識你的價值，你同時當努力認識他人之價值。

當你發現他人人格之價值，高於你時，你必需更努力宣揚他人之名譽。當你以為他人尚不能對你人格之價值，作適當之估量時，你不可怨尤。因為也許你對於自己之估量是錯了。實際上，你對於你自己人格之估量常常錯的，你是必然的免不掉把你自己估量過高。

這不特因為你自己對你自己太近了，眼前的手指，看來總是比遠山高的。而是你常分不清楚你實際的自己與你可能的自己，因為你人格是不斷發展之歷程，你常本能的以你可能之自己為實際之自己。

你所可求人認識的你之人格價值，至多只能限於你實際之自己。但由於你分不清你實際之自己與可能之自己，你自視你可能的自己必高之故，你于是常有過度的名譽心。你有一種深植根的預支他人尊敬之衝動。

所以他人永不能滿足你的名譽心。你的名譽心，常與一種原始的自視過高之幻覺相伴，它必須不得滿足。它之不得滿足，是它有相伴之幻覺時應受的懲罰。

假如你確知你並不曾把你自己估量過高，而他人對你自己之估量是錯了，你當知道這由於他人心靈之限制，你當原恕他。

假如爲求人尊敬而改變你的價值觀念，去作你認爲價値更低的事，你是忘了你求人尊敬的本旨。

你望人之尊敬是要人認識你人格之價值，你捨棄你原有的價值觀念，以求合於他人，你已不是你自己了。你求人尊敬之本旨不是壞的，你忘了你求人尊敬的本旨，却產生了你求名譽之一切罪惡。

而且我還要告訴你，人格內部之精神價值，在生前，別人總不會對之有正確之估量的。除了因你與人之實際利害關係及人之見識不同，使你有不虞之譽、求全之毀外，你在生前，別人對你之精神價值，總估量得過低的。

這是因爲你身體存在時，人總是把你當作一身體與精神之混合物看。人通常只有對人之精神，才能以向上眼光看，而對人之身體，總是以向下眼光看。所以人想着你之身體存在，而來對你之精神價值作估量時，常會估量得較低的。

所以人所眞尊敬的人，總是不見其身體存在的古人，其次便是在很遙遠地方的人。因此你更不應希望你所見之一切人，能給與你以認爲應得之尊敬與名譽。

七　說權位

在權位的要求中，你要人服從你，你總想你是對的，你的意旨是有價值的。在你的直覺中，必然如此。所以要求名譽之本質，在使人認識你自以為有價值之人格；要求權位之本質，在使人奉行你自以為有價值之意旨。

使人奉行你認為有價值之意旨，使人之行為亦含價值，這本身是一創造更高價值之工作。權位的要求，最初亦不是壞的。

在你要求名譽時，你當尊敬更有價值的人。

在你要求權位時，你當讓最大的權位，歸諸其意旨最有價值的人。

當你確知你的意旨是最有價值時，你當盡量公布你的意旨。如果你的意旨，眞是最有價值的，權位一朝會歸於你。

如果以人們的自私，而權位不能自然的歸於你時，你亦當知道是人們心靈的限制。

除非你出於眞誠的愛人心，要使人奉行你自認為價值的意旨，而使其行為亦更有價值，因而提高其人格時，你不可為權位，而不惜以任何方法，爭取權位。

因爲你爲權位而求權位時，你已喪失你求權位之原始目的了。

八　說政治

人人有他自認爲有價值的意旨，要求他人共同奉行，見諸事業。於是人們有政治的活動、政治的組織。

在政治的活動中，人們各種有價值的意旨，在互相爭衡，但是最後是要求互相滲透，成一種和諧。

這和諧，是國民公共意旨之表現，這和諧是一種更高之價值。

政府組織之使命，是實現此種更高之價值。

最偉大的政治家，是最能努力實現此種價值之人。

政治家努力實現此更高的價值時，在他的人格中，復實現一更高之價值。

當人們把政治只視作少數人統治多數人，或把政治的活動，只視作爭取多數人的順從，不重其互相滲透所成的和諧時；或把政治家只視作公共的僕役，而非同時在實現其人格價值時；人們都未了解政治活動本身所包含的價值。

九　說物質需要

人類爲實現其精神價值，不能不需要相當的物質條件爲基礎，但是我們不能因此說，人類精神受了物質之限制。

因爲當物質爲實現精神價值之基礎時，物質已包孕了精神的意義。純粹精神是最可貴的，然而更可貴的，是使物質產生精神的意義。精神眞正的戰勝，是在它敵人的城堡上，揷下他耀目之旗幟。

十　說社會經濟

少數人擁據資財，而大多數人窮困的社會經濟，我們必當改造它。但不可只是說人人應有同樣生存與享受之權利。

你想少數人以物質之享樂，而淹沒其精神之發展，多數人以物質之過於缺乏，而停滯了精神之發展，世界還有比這更大的悲劇嗎？

社會經濟需要公平，公平使社會的各個人都能發展其精神，實現其精神價值，所以公平本身是一種價值。

所以我們必需改造不合公平標準之社會經濟。

當一些哲學家、宗教家，鄙棄社會經濟改造的工作時，他們已不是眞正精神價值之愛護者。

我們必須看出最偉大的社會經濟改造家，在實際上正是精神價值之最偉大的愛護者；我們自己才可算精神價値之愛護者。

最後的話

人生的一切努力爲的什麼？都是爲實現一種價值。

科學哲學實現眞，藝術文學實現美，道德教育實現善或愛，宗教實現神聖，政治實現國家中的和諧，經濟當實現一種社會的公平，以至飲食、男女、名譽、權位之要求，都本於一種價值實現之要求。

除了實現價值以外，人生沒有內容了。

你必需以價值觀念，支配你的生活。你當體驗一切事物之價值，你當認識一切似無價值的東西，似乎只表現負價值的東西之價值，你當自實現價值處，去看人間社會，你當使你之日常生活充滿價值之實現，以豐富你的生活，完成你之人格。

這是我最後的話。

認識體驗價值而實現之，實現價值亦即更能認識體驗價值，這是我們的訓條。但是訓條，只是一抽象的態度。

我們不曾論到一切價值之內容是什麼，價值有多少類。

因爲對於你已能體驗的價值，不需我們的討論。對於你尚不曾體驗到的價值，你的工作只是去體驗。你不去體驗，沒有人能告訴你它是什麼，猶如沒有人能告訴聾子以音樂的趣味。我們也許可以使聾子知道音樂相伴的，是什麼一種音波的振動，我們也許可以使你知道，你不曾體驗到某種價值之體驗，相伴于某種心靈之振動。這是許多價值哲學家所作的工作。但是他們的工作，並不能告訴你價值本身是什麼，猶如物理學家不能告訴聾子音樂之趣味是什麼。感受音樂，是了解音樂之唯一道路；體驗價值，是了解價值之唯一道路。價值本身永遠是離言的。它只是你體驗它的時候，爲你所了解，除了這個時候，它永遠是默默無聲。

我們也不曾論到各種價值如何統一。

因爲你尙須多方面開始你價值之體驗時，你不需要問價值本身如何統一。「統一的價值系統」一觀念，將成爲你體驗價值之努力的桎梏，而限制你所認識之價值領域，乃自以爲最高之價值，已爲你所把握。

當你眞需要統一的價值觀念時，你自然能反觀在你努力實現價值之活動本身之各種價值，是在互相滲透融化，在啓示出一中心，此中心同時涵融一切價值。

我們也未論到什麼活動價值高，什麼活動價值低。因爲每一種活動價值之高低，不必繫於該種活動之自身，而常繫於該種活動，在你全部生活中，能引發的向上力量之全部。然而什麼活動更能使你向上，你自己是知道的，而且亦只有你自己眞知道。假如你不知道，唯一的原因，只是你不曾反身看你自己，或你不自覺的自欺了。

我們也不曾論到我們如何有實現高級價值之自由，而避免罪過。因爲你眞努力實現價值，你將覺價值本身，永遠呈現于你心靈之前，在吸引你向上。你能自由，因爲你希望自由，沒人能束縛你，限制你，因爲你的努力在內而不在外。

你能有避免罪過之方法。因爲在你希望避免罪過之一念中，罪過已開始去除了。過去的罪過永遠在過去，你當下能反觀罪過的心之自身，永遠是清明的。只要你能改去罪過，你將了解過去罪過之所以一度產生，正爲使你認淸它的面目，而不致再犯。

我們認爲這些問題的產生，常常在你停止對於價值實現之努力的時候，此時你是在外面看你如何努力實現價値。在你的心沉入此努力本身中時，這些問題自己，會遇着它的答案，所以在我們的題目中，我們把這些問題避免了。

餘　音

眞理的世界是無盡的海，可以任你去航行。

你隨處可以開始你的航行，你隨處都可選擇爲絕對的中心。

它茫無畔岸，你的心靈的船，將永不會同他人心靈之船衝突。只要你是眞正的航行者，你可以同別人心靈的船，向任何方向違反。

人間矛盾的眞理，在眞理的海中永遠的和諧。

一切眞理，只說它自己是眞，決不說此外無更高的眞理，與它不同的眞理。所以假使你所見與我相悖，或我所說的不能使你滿足，你當自己去選你的航程。

你是唯一無二的人格，你是宇宙一獨立的中心，你應當不同于他人，你本當自己去選擇你的航程。

我知道你有更偉大的航程，只要你拔起你心靈之錨。

我也將更往前進，我們將在那遙遠的海天一色之際，互相招手。

二十八年一月

第二部　心靈之發展

導　言

當你由上部生活之肯定，而反身看你自己的生活，求充實你內在的自我，知道世界充滿價值，以肯定你自己于世界時；你的問題，變成如何反身看你自己的生活，充實你內在的自我，如何包攝外在的世界，于你內在的自我之中，將你內在的自我擴大，至與宇宙合一。你的問題由內外之和諧，變爲內外之滲透。你將不復只是要擺脫外物之束縛，暫求苦樂情緒之超越，認識你唯一之自己，知道以自強不息的態度，去實現價值；而是要反觀你的心靈，如何逐步的發展，內心如何逐步的開闢，以貫通于外界。你的問題，由人生現象的體驗，變爲心靈自身之發展的體驗，由廣的變爲深的了——本部就是要答覆你這疑問。

但是你看我此部，你必須先忘掉你的一切習見知識。連我在前部中所講的一切，你也要完全忘掉。你要沉下你的心，讓我的話，暫時作爲你之一鏡子，來反觀你如何可由內界以貫通外界，來認識你生命之海底的潛流，是如何進行的。你將由此而得一內外界確可貫通的證明，以後你可以任意去尋求貫通內外界之任何航道，而不必承受我的任何一句話。因爲我的話只有引導的作用，沒有一句話不可修正補充，以提昇轉換其意義的。我的話對于我要陳述的眞理之自體，只如一根繞地球的線。地球的面積之上有無窮的線，而地面所包圍之體積，才是眞理之自體。本部分五節：

一、心與自然之不離
二、心靈在自然世界之發展
三、心靈之自己肯定與自己超越
四、心靈在精神世界中之發展
五、精神自身之信仰

第一節　心靈與自然之不離

一

「前不見古人，後不見來者，念天地之悠悠，獨愴然而涕下。」

你可曾在高山頂上獨立蒼茫？你可曾在此時，有過人生最深的悲凉之感？你可曾在此時，想過：誰是我？誰是世界？我與世界，如何連結起來？

你可曾在此時閉目，讓心靈暫時忘掉了一切，似乎一切都沒有，忽然張目頓見森羅萬象的世界，呈現在你面前，而感到無盡的驚奇？這森羅萬象的世界，如何會呈現于你，你在裏面似乎佔如是之渺小的位置？你似乎覺你如初降落至人間的亞當，一切對於你，都是生疏神秘不可測？你瞳焉若初生之犢，對於一切都覺得新妍，不知其故！當你眞正感到這些時，你可以入哲學之門了。

二

哲學問題的開始是問：誰是我？誰是世界？我與世界如何聯結？哲學智慧的開始，是認識我的世界卽在我之內，我之所以爲我之內容，只有關于世界之一切，我與我的世界，本來未嘗分離。你當試反省你所謂你之內容，離開關于世界之一切經驗之外，還有什麼？你所謂世界，離開你經驗的世界之外，還有什麼？你將發現：你所謂世界，是你經驗之一端，你所謂我，是你經驗之另一端。你是「能」，世界是「所」，能所二者，同融攝于你的經驗中。

所以你不能說，你的心是在內，世界之一切對象，絕對離心而存在于外。

你必需先知道，在你之直接經驗中，你的心與其對象未嘗離。

你望着白雲的變幻，你的心便在白雲裏。

你聽着松濤的澎湃，你的心便在松濤裏。

你想着你親愛的人，你的心便在你親愛的人身上。

你的心在此，實際上與你所認識之對象未嘗離。

三

在你直接經驗中，你與你所認識之對象不離。此外，你亦永不能說眞有絕對離心之對象。

你以爲門前的山，你不見它時，離開了你的心，眞在心外嗎？

當你不想它時，你不能說它離開你的心，在你心內或心外。

當你說它在你心外時，你已經想它，它已在你的想念中，已不是在你的心外了。

四

你說那若干萬萬年前的化石，那月球的背面，那原子電子的構造，總是離心而獨立存在的，因爲我從來不曾經驗過。

若干萬萬年前的化石、月球的背面、原子電子之構造，你不曾經驗過，那是不錯的。但是你雖不能經驗，你或可以在某種條件之下經驗。假使你有天使之翼，你將見月球的背面之丘陵原野；假設你能逆着時間之流倒航，追趕上若干萬萬年前的光波，你將見若干萬萬年前的化石初凝成的情況。

假如你能把原子系當作太陽系，你之住在電子上，如你之住在地球上，你將看見原子中電子運行之軌道。此亦許是不可能，但是你至少能經驗原子系發出的光譜。

你說它們存在，你必須先承認在某種條件，某種情形之下，有爲你經驗之可能，或經驗它所發生的某種直接間接的作用之可能。若果它們在任何條件情形之下，都不能爲你所經驗，你亦不可能經驗其任何作用，我請問你依何種根據而說它們存在；說它們不存在，有何不可？你試細細想想。

它們之存在，至少依于它們之作用，有一種爲你經驗之可能。

在你說他們存在之意義中，就含一種其作用可經驗之意義。

全離開了可經驗的意義，它們無所謂存在。

它們之存在的意義，與可經驗的意義不能離，即它們之自身，與它們之可爲你心之對象，不能相離。

它們存在，根據于它們可爲你心之對象。

它們不能眞正離開你的心而存在，它們不能眞正的在你心外。

五

你可說：縱然一切存在的外物，都是在某情形之下可經驗，存在之意義與可經驗之意義不離，然而存在的外物之範圍，總比我們實際經驗之範圍廣，存在的外物，時時變更我們的經驗。

我正閉目凝神，何處來了桂子花香，引動了我的懷思？我正步月行吟，何處來了電閃與雷鳴，阻撓了我的詩興？存在的外物決定我們經驗之內容，外物之存在在先，我們之經驗在後。外物存在時，我們可尚未經驗。所以物在我們心以外，物離心而獨立存在。

但是你的話仍然錯了。

當你經驗桂子花香時，你之經驗此時開始，而桂子花之如是之香，亦在此時開始。

桂子花之如是如是香，以前之他人或你，從不曾有同樣的經驗。所以桂子花之如是如是香，亦是從不曾有的香。桂子花之如是如是香，是在你經驗它時它才存在。它如是之香，並不先於你的經驗而存在，而是與你經驗之存在同時的。

你說桂子花未有如是如是之香以前，桂子花本身總是先存在，這話自某一意義說，我不否認。

但是你當知道，你的心在未感覺桂子花以前，已然存在。桂子花之如是如是香，總是你先存在的心，與先存在的桂子花，合作的結果。你可說外界存在的桂子花，決定你這經驗，你又何不可說內界存在的你的心，決定你這經驗。

你的經驗，待心物二端而構成，心物二端，在經驗中聯結爲一。你總是要繼續的經驗，心物兩端，便是在繼續的要求聯結，不然，在經驗中它們之聯結如何可能？

這證明心物兩端，原有一意義之內在的聯結，所以才有外表的聯結之要求。當你知道一切存在者存在之意義，根據於其可爲你經驗之意義，可爲你心之對象之意義，知道心物兩端，原有內在的聯結時，我們可以談心靈之發展了。

第二節　心靈在自然世界之發展

一

你說你對於外物最原始的認識，就是感覺。你望着白雲，你的眼感覺了；你聽着松濤，你的耳感覺了。

但你可曾想想：你爲什麼能感覺？

你說物接觸你的心，心物二者合成一不離的全體，所以你有感覺，你的話仍然太淺了。

你感覺，是爲你心能超越你身體所在的、所謂實際的空間的限制，而連結於另一空間中的存在。你身體所在的實際空間是在此，而白雲是在天上，松濤是在遠遠的山前。然而你感覺它們。這不是你的心超越了你身體所在的實際空間的限制嗎？

在你所謂物質的空間中，一切物質，只是縱橫布列，各有各的位置。然而在你感覺中，不同位置的身體感官之物質，與所謂外界之物質，連結起來了。

二

在純粹的感覺中，你所見的白雲，只是一單純的白色之團。你不知它是白雲，亦不知它是白，因爲純粹的感覺是突然的一感，最初並無所謂是什麼。

你知它是白雲是白，你是將此當前所感之白雲與白，同你過去所感之白雲與白，相比較，相湊泊；你將現在所感，融於過去所感，你才知它是白雲是白。你爲什麼能以現在所感，融於過去？只是因爲你並不把現在所感，固定於現在，亦不把過去所感，固定於過去。你把現在與過去聯結，使過去的不復只是過去，現在的不復是純粹的現在，你是超越了實際時間的限制。

你超越了時間的限制，而後知其是白雲是白。

你之感覺白雲與白，必等到知此白雲是白時，你的感覺才眞正完成。

然而你知此白雲是白時，你已超越了時間的限制。

所以你眞正的感覺之完成中，一方超越了空間之限制，一方超越了時間之限制。

你不要把這當作平凡的事實。

你當由此了解你的感覺，在超越空間限制的意義中，是物質世界之聯繫者，在超越時間限制的意義中，是你前後所感之聯繫者。

這是你的心建設它自己之第一步。

這是你心之活動的初階。

三

然而感覺只是你心之活動建設它自己之第一步，只是你心之活動之初階。在感覺中，你的心只對着你的對象，它沉沒于它的對象中。它包含超越一實際時空的意義，但它不曾自覺超越一實際時空。

你的心在何時自覺超越一實際時空？在你由回想而自覺你的感覺的時候。你在回想你的白雲之感覺的時候，你是離開了你當前所感覺之白雲；你重現你白雲之感覺，于你的心中，猶如鏡中之影。

這時最初的感覺，已過去了，時間已變了。時間變化，你在空間的位置亦變了。你在你心之鏡中，重現此感，你是在另一時空中，重現此感覺，你自覺超越原來的實際時空了。

你由回想而自覺你的感覺，自覺籠罩着你的感覺。自覺繼續它自己，把你的過去，貫通到你的現在。你經度自覺所造成之通路，你可以在「現在」，重新生活你的「過去」。所以你能憶起你十年前的舊游，懷念你千里外的故鄉。

物質的運行，必須依着時間空間自然的順序。你的身體已老，決不能再成十年前的身體；你必跋涉長途，才能重到你的家園。

然而你的心能回想，能超越了時空之自然限制，由自由回想，而任意顛倒時間空間之自然順序。

四

你的回想，只是重現過去。你的心更高的活動，是根據你的回想，而知當前事物之關係或意義。

你看見宿鳥歸林，你知道暮色將蒼然來。

你看見城外的古塔，你知道快要到家。

你知道宿鳥歸林與塔之一種意義，但是你爲什麼能夠？

這是因爲你能根據你過去經驗中的回想，知道宿鳥歸林與暮色、塔與家常聯係，這一端常通到那一端。所以當你看見宿鳥歸林與塔的一端時，你的心便流到暮色與家之一端，而了解宿鳥歸林與塔之意義了。

這時你的心之活動，是由現在回到過去，又將過去隸屬於現在；由外物之感覺到內在之回想，由內在之回想以解釋所感覺之外物。

由外到內，又由內到外，你的心，開始貫通你的世界了。

五

但是你更高的心理活動，不只是了解當前事物之意義；而是推擴你對於當前事物意義之了解，而了解其他事物之意義。你見着梧桐一葉落，知秋天到，更知天下皆秋，棲霞山的楓葉已漸紅了。你想着秋山人在畫中行之情致，你忍不住策杖出門。

你由梧桐一葉落之意義，而知秋天到；由秋天之意義，而知棲霞山的楓葉之紅；由秋山之意義，而知秋山之情緻。你的心，由第一回想到第二回想，到第三回想；由一事物到二事物，到三事物。你的心往來於回想與外在的事物之世界。你的心之光，射到你回想的世界與外在事物之世界，可反復的繼續至於無窮。你亦可由當前事物之感覺，而引起繼續不斷之思想，由此以開闢出你思想之世界。

瓦特看見蒸氣衝出壺蓋，而知極大的蒸氣，當推動極大的機器；牛頓看見蘋果落地，而知萬物皆相吸引。

他們卓絕的科學天才，只開始於他們能儘量推擴其所見的當前事物之意義。

意義如何推擴，思想世界如何開闢，那是另一問題。我們現在所要說的，只是推擴當前事物之意義，本於你之回想反省，這是你的心之更高活動。

六

在你能努力推擴你對於事物意義的了解時，你的心是盡量的將你回想中之過去經驗，貫通到外在的事物之世界。你是對於貫通你與世界，作了更大的努力。但是你尙不會眞正貫通內界與外界。因爲你始終尙覺着外界的事物在你之外，其意義待你去了解。你的心，一直在探尋中，不曾發現：外界卽足以表現你自己。所以你之更高的心之活動，是發現外界事物之形色的世界，卽是你自己生命經驗之象徵。外界事物之意義，卽是你生命經驗本身之意義。

問君能有幾多愁，恰似一江春水向東流！

你看見春水繼續不斷的流，永遠無盡。永遠無盡，是它流行中包含的意義。你把它之「永遠無盡」抽離出來，而推擴出去，你發現它之「永遠無盡」，與你愁思之「永遠無盡」相同。你的愁思之「永遠無盡」，最初發現它的知己，其次擁抱爲一，最後沉入它之「永遠無盡」中。于是它之「永遠無盡」，成了你的愁思之永遠無盡的象徵。

所以在發現事物爲我們生命經驗之象徵時，我們不僅以內界去了解外界，而是發現內界直接表現於外界。你不僅對於外界有一種自覺，對內界有一種自覺，而且對於你之內界表現於外界，亦有一種自覺。

七

在你以外界表現你自己時，你自己是同時存在於外界，外界不復與你對待了。然而你在去尋找發現足以表現你自己的外界事物，來表現你自己時，你仍不算眞貫通內外。因你尚不能自然的隨處去發現，能表現你自己之外在事物。你必須進一層，常覺一切自然事物，都足以表現你自己。你必須常覺萬物，都脈脈的含情。鳥在代你啼，花在代你笑，雨滴在代你流淚，風聲在代你歌嘯，覺萬物本身，就是你另一自己。這另一自己，又似乎不是你自己。鳥在啼，因爲牠本身含有悲傷；花在笑，因爲它本身含有喜悅；雨滴本身含着愁苦；風聲本身含着舒暢。如此，你將覺瀑布的奔流，是表現它一往直前的意志；火山的爆烈，是地球的憤怒；萬星燦爛的太空，是宇宙靈魂莊嚴肅穆的面容。形色的世界，成爲你的生命的衣裳；你的生命自身，在形色的世界中舞蹈。你在形色的世界中，處處發現你自己。

八

你已能在外界處處發現你自己，覺你自己處處表現於外界，形色的世界爲你生命的衣裳；以後，你將進一步發覺，實際存在之形色的世界，尙不足以完全表現你生命之情調。形色的世界，對於你生命之情調，不能全適合。你有時會覺形色的衣裳，是你生命之桎梏。在你感覺桎梏一點上，它仍然是外在的東西。如是，對於形色的衣裳，你須得加以裁剪。如是，你將把你所見各種事物之形色聲香，互相交配，參伍錯綜，在心中造出各種事物，以寄託你生命情調。如是，你開闢了想像之世界。

在你開闢你想像世界時，你把鳥翼揷在小孩身上，花化爲美人，太空變爲天國。你可以任意在你心中，融鑄萬象。形色的世界中之一切事物之形色聲香，你都可把它分離拆散，作爲你製造想像世界中一切事物之材料。你這時不復把形色的世界，當作外在的，而一齊收到你的內界來了。你的生命情調，由此可以自己去找着適合於它的表現。你不必需賴外在的形色世界，來表現你的生命情調；不復再感着形色世界，不能表現你生命情調之桎梏；亦不復有在此桎梏之感中，所引生的那種微細的內外對待之感了，因爲你自覺你的內界統攝外界了。

九

當你眞能開闢你想像的世界時，你在你的心中，任意融裁萬象。你的想像力，發展到極端之大時，你將覺一切萬象之形色聲香，都自會來奔赴集中於你現在的自我，任你如何加以組織。

你將覺萬象都成了泥土一般，可由你的想像力去塑揑。你不斷把它們加以塑揑揉和的結果，你會忽然有一大覺悟：所謂世界事物之形色聲香，就其質料上看，其實不外許多很簡單的東西。色只有七色、音只有五音，一切不同的空間之形色，不外空間之左右前後上下曲折的式樣。事物之形色聲香，就其本身言，實簡單之至。其所以有森羅萬象之不同，與人所以能構造出無窮的想像，只是由於其不同之分合排列。於是我們頓悟到，假設我們的想像力眞是無窮，我們只須幾度簡單經驗，經驗一次空間，一次七色，一次五音，我們就可以在我們心中，構造出無窮宇宙來。於是我們了解我們之所以要貪求許多外物的經驗，然後才能想像許多，其根本原因，乃是我們想像力之根本不足。於是我們了解了：假如我們能開闢我們自己的想像力，至於無窮，我們當下所有的經驗，已足夠我們構造我們想像的世界。我們自己卽可構造任何世界，來滿足我們自己。然而我們爲什麼不能呢？我們自己爲什麼不能呢？

第三節　心靈之自己肯定與自己超越

一

當我們的心發生此問題時，我們的心問到我們自己了。我們的心，感着要了解它自己究竟是怎樣一回事，要開始反觀它自己的內部了。我們的心，離開了外界的形色世界，而回到它自己，認識它自己了。我們的心之活動，又到一更高之階段。

當你的心回頭來認識它自己時，你首先發現的，便是你心中有許多活動，如愛恨思想意志之努力等。然而你馬上發現，你的心能以它自己的活動爲對象，而活動。

心能自覺，以它自己爲對象，所以心能在它的內部活動。你愛，你可以覺得你的愛之可貴，你能愛你的愛。你恨，你覺得你的恨心，使你苦惱，你可以恨你的恨。你愛，你想擺脫你的愛，你可以恨你的愛。你恨，你覺得你的恨合乎正義，你可以愛你的恨。以至你思想，你可以思想你如何思想。你努力，你可以努力使你的努力能繼續的保持。你笑，你可以笑你自己何故如此笑得無聊。你哭，你可以哭你自己何故如此哭得悲哀。你可由你的心之活動，能以其自身爲對象，而認識了你的心與物之根本不同。你的心以其自己之活動爲對象，是離開自己原來之活動，而重新開始一活動，加於它自己原來的活動之上；而這新舊之活動，又都是你自己的活動。

二

你由你的心之可以其自身爲對象，一切活動都可一方是活動，一方又是活動之所對。你認識你的心之一切活動，一方是能，一方是所，一方是主觀，一方是客觀。在主觀時似在內，在客觀時似在外。你於是悟到在你自己內部，就可以有內外兩世界了。

三

當你了解你自己內部，有內外兩世界時，你馬上更進一層了解，你自己內部之內世界，可以繼續不斷的成為你內部的外世界中之所有物。

你可以思想你的思想，可以思想你的「思想你的思想」——你恨你恨，你可以恨你之恨恨——若可至無窮。這就是說你的主觀可以繼續的變為你的客觀，你可以於此發覺你內部的客觀之逐漸的擴大充實。

四

然而最奇怪的事，是你似永找不着你眞正的主觀在那裏。你反省你的主觀，你的主觀已成客觀。你反省你的反省，然而你反省被反省時，仍然是客觀的。你永不能徹底了解你自己的主觀，你不知你的主觀之出發點在何處。你似只能得為客觀的自己，不能得為主觀的自己。

但是你雖永不能找着你主觀的自己在何處，你却永相信在你客觀的自己之外有此自己，在被知之我外有能知之我。

你於是覺得你之客觀的自我，乃是自一不可知的主觀流出，你覺得它的源頭是你看不見的。

五

然而在你假設它有源頭時，你忍不住要追溯它的源頭，而你又永追溯不到它的源頭，你最後只得陷於一神秘的感情之失望。

當你眞正經驗此神秘的感情之失望時，你的心一直進到心之深處去了。雖然終於迷惑而歸，但是你的心歸來時，可又有了更高之覺悟。

這更高覺悟是：你知道你的心，並沒有一定的源頭，你的心只是一永遠向上之活動，肯定它自己，而肯定另一自己，再否定此另一自己，而肯定另一自己之繼續不斷的活動。我們找不着絕對的主觀，因爲我們所肯定的主觀，在加以反省時，我們又將它否定了。

六

因爲心能肯定它自己又否定它自己，另肯定一自己，所以它能離開它原來的活動，而化之爲另一活動之對象，可以繼續的化其內部的主觀，爲內部的客觀，而充實擴大其內部的客觀。

因爲心能肯定它自己又否定它自己，而另肯定一自己，所以它能離開只去配合形色的想像之活動，而有反觀內省之活動。

因爲心能肯定它自己又否定它自己，而另肯定一自己，所以它能歸併、化除充滿此心中之無窮的形色，而成爲幾種簡單的形色。

因爲心能肯定它自己又否定它自己，另肯定一自己，所以它能打破外界事物與其自己之隔絕對待，而在外界事物中，發現其自己以外之外物，爲其內心之象徵。

因爲心能肯定它自己又否定它自己，另肯定一自己，所以它不限於當前感覺的事物，而能知其意義，推擴其意義。

因爲心能肯定它自己又否定它自己，另肯定一自己，所以它能不役於現在之純粹感覺，而聯繫過去感覺於現在；能不役於它的身體內，而能感覺天上的白雲，山間的松濤。

七

心之活動，就是繼續的肯定它自己，又否定它自己，再肯定另一自己。它沒有一定的自己，因爲它時時有新的自己。

然而它在繼續的肯定而否定它自己時，它自覺它所「肯定的自己」、「否定的自己」都是它自己。它時時有新的自己，但是它的新的自己與舊的自己，都不在它自己以外。在它的自覺中，它自己一又是二，這到底如何而可能？

于是它的問題，最後問到自覺中的自己如何能是一又是二？如何令已否定的自己，與新肯定的自己，同屬于一自己？問到自覺中，何以有此種矛盾的情形？因爲這矛盾呈現于我們自覺中，所以我們當于自覺中去解答。

八

但是當我們要求解答于自覺時，我們必需自覺「我們之自覺」。然而當我們自覺「我們的自覺」時，我們又離開了我們原來的自覺，否定「原來所肯定的自覺之自己」，而肯定另一「自覺此自覺之自己」。而你又在更高之自覺中，自覺你「原來的自覺之自己」與「對于自覺加以自覺之自己」，同屬于你自己。在你更高的自覺中，我們從前的矛盾又出現了。

我們只有要求解答于更高之自覺本身，于是我們當自覺此更高之自覺——然而同樣的矛盾，又以另一形式再出現。

我們一直求到最後，作無窮次的自覺，我們的矛盾似仍然不能避免。

九

但是當我們眞知道這矛盾的情形，永遠不能避免時，我們知道此矛盾的情形，是永遠繼續永遠一致的了。此矛盾的情形之繼續一致，是它不與其自身矛盾。

我們於是了解我們之自己是舊自己又是新自己，是一又是二，乃我們心之本性使之然；心之本性在其自身，並不矛盾，而是永遠繼續永遠一致的了。你之所以覺得有矛盾，只因爲你執定一不能同時是二，矛盾是你的執定造出來的。

當我們知道我們新舊自己之互相代替，出自我們心之本性，於是我們可以從我們新舊自己之互相代替，可以無窮繼續，而知道我們唯一之自己，在其本性上同時卽無量之自己，我們不能再說我們只是有限的存在了。

十

你當自信你之一自己卽無量的自己，你之自性具藏着無限，你當自信你自己絕對不是物質——物質只能是它自己，不能自覺它自己，不能化它自己爲兩自己，更不能由無窮次的自覺，而化它自己爲無窮的自己。物質之自性，不具藏着無限。

你當自信你自己籠罩着世界，因爲在你自覺之中，你自覺了你自己，同時卽自覺了你接觸的外物。所觸之外物與能觸之你自己，同時呈現于你自覺之中。你的自覺，可無窮繼續。一切似乎與你自己相對而外在的世界之物，只要你一加自覺，卽收入你的自覺之中，猶如無邊的明鏡，收攬山河大地。你當自信你是世界之主宰。

但是你不能只自信你是世界之主宰，你之自性具藏着無限；你當實證你是世界之主宰，你自性之無限。以上的話，縱然你完全明了，使你有如是之自信，但是你必須有如是之體會，使你有如是之實證。你的自信，必需經了實證，才是眞實的自信。

十一

所以你必須超越純知的階段，而到體會的階段，你不當僅由你之能無窮的自覺，而明了你自性之無限，你當處處去體會你自性之無限。所以你當忘掉你是能無窮的自覺的。因爲當你只想着你是能無窮的自覺的時，你是限制於你自己的自覺力之中，你是限制於你的反省之中。你是限制於你心靈之鏡中，看你自己。你仍有所限。你的自性之表現，不是眞正無限。你未能眞正體會你自性之無限。所以你要忘掉你是能無窮的自覺的，忘掉由無窮的自覺能力以證明你自性之無限的辦法。換言之，你當超越你以上的了解，否定只作以上了解的你自己，而肯定能眞正體會你自性之無限的你自己。

十二

你要否定只作以上了解的你自己，你當忘掉你有無窮的自覺能力，你不當限制在你的自覺力之內，你不當限制在你的反省之內。這就是說你當從新來看世界，肯定世界之客觀存在。你當忘了從你自覺中看你是世界之主宰的辦法。因爲你只從你的自覺中，看你是世界之主宰，你是限制於你的自覺中的世界之主宰，你不是無限制的世界之主宰。你要是無限制的世界之主宰，便必須跳出只從自覺中看世界的辦法，而自世界本身看世界。所以你必須重新肯定世界之客觀存在，把世界仍看作在你之外，再以你之無限的行爲活動，去通貫內外，在世界中發現你自己。如是你才能眞體會你是無限制的世界之主宰；眞體會你自性之無限。

你眞體會你自性之無限，必需先肯定世界之客觀存在，世界在你之外。這卽等於說，你要眞體會你自性之無限，你須再承認你之有限，而重新以無限之行爲活動，去破除你有限之自己，以通貫內外之世界，以實現你自性之無限的要求，而體會到你自性之無限。

十三

上段所說就是你之自主的「自我否定、自我限制」，以求眞正的自我肯定、自我無限；自主的「肯定客觀世界」、「外在化世界」，以求納客觀世界於主觀世界，以內在化此外在世界。這是你心靈之翻山越嶺，你必須以耐心細玩此矛盾中之智慧。

我們以下的話，便當仍然歸到平易。我們將依序討論，你當如何重新以你有限心，去通貫世界。我們仍當一步一步的指出你之被限制，與此限制之一步一步的破除。如果你眞是如是如是破除了你之限制，你將體會到你自性之無限，實證你是世界之主宰。

第四節　心靈在精神世界中之發展

一

你首先所感到的你心之限制，是覺得他人的心在你的心之外。他人的動作，你不能預料；他人的意志，你不能測定，你明感到他人的心與你的心對待。所以你本能的相信你自心之世界，與他心之世界對待。這是最先需要你重新的克服之工作的。你必須要把你的自心聯貫於他心，化你的個體心成爲普遍心，主觀心成客觀心。然後你之有限的心，才能漸進於無限。

你以你的自心聯貫於他心，第一步階段的工作，是對他人心理的了解。儘管在你感覺的世界中，他人對於你，只是一些形色聲音等物質性質的表現，只是一另一空間中的存在；但是你以了解他人心理爲目的時，你須徹底否認他人與你之空間的距離，你自然而然的把他人之形色聲音等表現，當作一指示你到他人心中之指路碑或橋樑。你再不會留在這指路碑或橋樑邊，因爲你須要到他人心中去。所以一切物質之形色聲音，到這時成了心與心的互相了解的媒介，物質的世界是客觀的隷屬於心之世界了。

因爲你了解他人，是以你的心向他人心中走去。你是先同時肯定他人的心與你的心之存在；所以你一方在了解他人，同時卽相信：你也可爲他人所了解，而且要求他人了解你。他人的言語動作等，可證明你已爲他人所了解。於是你將了解他人之了解你。而他人又可了解：你了解他對你之了解。由是你的心與他人的心，如兩鏡互照而映影無窮。所以了解他人，比我們以前所謂自覺，是更高的一階段。你自覺的你自己，是已過去的你自己，已被你超越的你自己。過去的你自己，不能再反轉來自覺你今後的自己。但是你了解他人時，你同時卽自然的相信：他人也正在了解你自己。你一方是能了解，一方是被了解，一方是能包裹他人之心，一方是被他人包裹的心。當你與人互求了解時，你可以把你對於你自己的自覺——卽對你自己的了解——與你對人的了解，一併告訴他人，轉遞與他人。在你只是對於你自己加以自覺了解時，你只是自己在自己內部，不斷的向上翻轉，這只是一活動方向，姑說是縱的。但你與他人互相了解時，你好比與他人互映心光，你增加一種活動方向，姑說是横的。這是你之所以不能安於純粹的孤獨，而常要尋求朋友，到社會中表現你自己，……的主要原因。

你了解他人，是以你的心向他人之心走去，以求你的心連結於他人的心。但是只限於了解，你達不到你的目的。你與他人互相了解，眞如兩鏡之互照，只留下彼此之影子。鏡中影子雖然通過了兩鏡間之空間，兩鏡本身之距離，依然存在。這比喩心與心之互相了解，心與心仍相對待。相了解的結果，只是互相下許多判斷。判斷成功了以後，與判斷的對象，卽分而爲二。這證明只相了解的心，尚不能算眞合一。你必須在眞了解人的心之後，由對人判斷，進一步而至對人同情。判斷只是在判斷時以你的心，暫時穿入人的心，判斷完結後，你仍縮回到你自己之內。同情，是你的心穿入人的心之後，就被他人心中之生命情緒拖着走。

在同情中，你的心在他人心中振動。他人的生命情緒，苦樂憂喜，成了你的生命情緒，苦樂憂喜。你於是對他人有體貼，有安慰，有扶持，一言以蔽之曰，有愛。你眞愛人時，你的心與人的心，才眞結合爲一。愛與單純的了解，根本不同。你了解人時，你必求人了解你。因爲在你了解人時，人是所了解，你是能了解。你始終忘不了你是一能了解者，所以你必須求人了解以爲報答。你這時的根本道德，尙超不出公平的標準。如果你不爲人了解，你不能無所怨尤。然而在愛裏，你愛人却不需人亦愛你。因爲在愛裏，你的心已貫入他人之心，與他人生命情緒同流。在眞正的愛裏，可不須任何報答。他的報答就在他本身。因爲在愛時，你的心與他人的心連結爲一，你的心之自身擴大了。

二

愛生于以你的心貫入他人的心，與他人生命情緒同流，把他人當作你自己，以他人之生命情緒，爲你之生命情緒。但是當你眞正以他人生命情緒爲你之生命情緒時，你將發現他人之生命情緒，不一定都是向上的，有許多都是向下的。你之愛人，出發自你之向上的心。當你尙未知愛時，你向上的心只使你去發生愛。

當你已發生愛時，你向上的心却不僅要你保持你的愛，而且要你所愛的他人之心，亦是向上的心。所以你這時對于他人生命情緒之向上與向下間——亦卽好的與不好的之間——將有一個選擇。你將愛其向上者好者，而不愛其向下者不好者。但是當你以他人之向上的好的生命情緒，爲你所愛之對象時，你將發現他人之好的生命情緒之所以好，由於依附于一種理想。于是，你將愛人之理想。當你能愛他人之理想時，你將發現他人之理想，卽其全人格之集中點，而他人之理想，是他人所尙未實現的。于是你將發現他人人格，不只是一現實之存在，而是一努力實現其理想之存在。現在的他人，是一過渡到未來的理想他人之一歷程。這歷程之全境，不斷的向未來伸展，不是你現在的心所能完全了解把握的。于是你產生了獨立的他人人格之概念，你將有對人的人格之愛。你將不只是單純以去他人之憂苦，求他人之喜樂，以表現你之愛；而將以對他人人格之尊禮，幫助他人實現其理想充實其人格，以表現你之愛。這就是包含敬的愛。

對人格之愛，比普通之愛是一更高階段的愛。因爲在普通之愛中，你固然忘了你自己，而以他人爲你自己，以你的心貫入他人的心，你是超越了你自己。然而你常可把他人當作你自己而私有之，成一種含微隱的佔有性之愛。這不僅在男女、親子間有之，即對朋友、人民間亦有。這時，你實際上仍不曾眞正忘掉你自己，你不過以他人爲你自己而已。然而在包含敬的愛中，你明覺他人人格發展之歷程之全境，在你之外。你所愛的乃是他人獨立的人格。你最眞切的覺到，他人在你之外，你仍愛他人。你是眞正忘了你自己在愛人了。

普通的愛克服人與我之距離。

包含敬的愛，通過普通之愛，又重新建立一人與我之距離，而成爲一更高的愛。人與我間的距離，猶如兩山之間的距離。由此山之麓到彼山之麓，這比喻普通之愛所克服的距離。由此山之麓至彼山之麓後，再登山頂，而重新自山頂飛越兩山間的距離，這比喻包含敬的愛，在其自身克服距離的工作中，同時最親切的看見距離之存在。

三

包含敬的愛，以他人的人格爲你敬愛之對象。你敬愛他人，而在幫助他人發展其人格中，獲得一種滿足。但是有時你將發現他人之人格遠較你爲高，他可以自己發展，不待你去幫助，或你的幫助太微小。你只覺得他人的人格，在時時吸引你上升。你只覺他人在你之上，對你施愛，以發展你的人格。于是你對于他的敬，逐漸增加，你覺你不配愛，因爲你無法報答他對你施的愛。你只配接受他的人格對于你所加的吸引上升的力量。這也就是你對他施與你的愛之唯一的報答。于是包含敬的愛，轉變成爲崇仰讚嘆。

在崇仰讚嘆中，你不復只是如在愛中之犧牲你自己，而且犧牲了你愛之自身。你的愛發展他自己，成包含敬的愛以後，爲了其中所孕育的敬之成長，而自願隱沒于敬之後。這是你的愛之最高的發展。但同時你並不會因覺他人人格之遠較你爲高，而失去你的心與他的心間之聯係，你還將感更大的聯係。因爲，你覺他人的人格本身，在吸引你去同他聯係。你不覺得是你找他人之人格，來同你聯係，而似乎是他人人格自身，來同你聯係。以致你可由崇仰讚嘆而變爲感激。你感激有這樣偉大的人格，來同你接近，來提携你的人格。

此段所說是過渡到下段所說的。如在你實際接觸的人中，可無使你如此崇仰讚嘆的人，你可以直接去體驗下一段所說。但你不曾接觸使你如此崇仰讚嘆之人，始終是你的缺憾。

四

當你感到實際接觸的人中，有比你高的人格，來吸引你的人格向上時，你才眞體驗了人類向上精神之可貴。你將親切感觸人類向上精神本身，是一力量的中心，是一眞實不虛之存在。你將隨處去發現人類之向上精神。你將眞了解人類向上精神所創造的一切文化之可貴。你于是將自文化中，看人類之向上精神，你將自藝術、文學、宗教、政治、經濟、科學、哲學中，看人類向上精神，而對人類向上精神，致其讚嘆。

你自文化中看人類之向上精神，而致其讚嘆時，你是自人類向上精神之創造物中，反溯人類向上精神。你是自非精神的物質的藝術作品、政治經濟之組織、宗教儀式、科學哲學文字中，看人類精神。你自非精神性的東西，復活其中所含之精神。而且你是普汎的認識一切人類之向上精神，不是只自少數接觸的人格中，認識其向上精神。你開始知道同一切人的向上精神聯接。你眞能盡量欣賞文化之價值，你的心之發展，將到更高的階段。

五

但是你若只就已成文化產物中，看出人類精神之偉大而致讚嘆，你的心之發展，尙未至最高的階段。你尙須具備進一步之心境，你必須發思古之幽情。

我所謂發思古之幽情，其眞實義是說，你不當只自已成文化產物中，看其所表現之普泛的人類向上精神，而當進一層想：過去許多偉大人格，在其創造文化產物時，他們個別的特殊心境、他們個別的生命精神；他們個別的如何開闢他們的理想之世界，價値之世界；他們個別的如何精進，如何自強，如何至死不懈的奮勉。你要眞體驗這些，你必須似突然忘掉了你現處的環境，而踴身千載上，到你敬仰的古人之前，如聞其聲，如見其形，與他晤對。你似乎親見孔子在杏壇設教，揖讓雍容，在嘆道不行，乘桴浮於海。你似乎親見耶穌，在擧手指天國與人看，最後橫釘在十字架……你最後似乎忽然覺到孔子的心、耶穌的心，降臨于你自己的心，你在他們偉大的人格之前低下頭。這是你可有的經驗。這種經驗也許不含通常所謂客觀的實在，但也決不是通常所謂主觀的幻想。假使你認爲這是主觀的幻想，你不算眞有這種經驗。你必需眞發思古之幽情，這種經驗才眞會降臨于你。

當你只自文化中看人類精神時，你復活了已成的文化產物中之精神，你是使過去的成爲現在。但是你可不覺此精神所自發，是在過去之獨立人格。然而當你發思古之幽情時，你却明覺得你所崇仰之人格在過去，過去與現在之間，有不可跨越的距離。然而在思古之幽情中，你要跨越它。你忽然覺似乎踴身千載上去。這時你不是自然的復活過去于現在，而是肯定了過去與現在之隔絕，而超越現在至過去。所以你雖然努力在超越現在的你，至于千載上，你仍然感到現在之你與千載上古人距離，在你的心底。你是在今古隔絕之感上，建立今古之統一之感，這是你的心更高之發展。

六

當你發思古之幽情，踴身千載上時，你生活于歷史世界中。你在歷史世界的時間之流中，看出一個一個卓立人格之中流之石，你一一向他們致敬禮。你看看時間之流之每一段，都有偉大人格之出現，都有偉大之文化創造。你同時復了解時間之長流，永無終極；于是你頓想到人類未來之前途，人類未來尚可有無盡之偉大人格出現，偉大之文化創造。你對于人類未來之偉大人格，偉大之文化創造，遂有一種自然的憧憬。于是你的心，離開現在與過去，而投射向未來，對未來之更完滿之人格之出現，更驚天動地的文化創造，寄一種無窮的希望讚嘆。就在這種希望讚嘆中，把你愛人格、愛人類文化的心，伸展至無窮。

你這時超越了一切已成之人格與文化本身，而注目在純粹之人格出現，文化創造之可能上，你的心靈又發展至更高的階段了。

七

當你眞正能自已成文化產物中看人類精神，發思古之幽情，而想像古人創造文化之精神，並對于人類偉大人格之出現，文化創造之無窮，眞有一種相信時；你的心順着人類精神創造之歷史，文化之長流，去認識由過去到未來之人類精神了。你看見在此長流中，舊波滲融於新波，新波又滲融於後波，永求充實，永求豐富，然而他們同屬於一流。於是你悟到人類全體之文化創造，可以視作一具體整個之客觀精神，在繼續不斷的表現他自己。一切偉大人格，已成之文化產物，都爲此客觀精神表現其自身之資具。此客觀精神，在偉大人格下活動，在已成文化之產物中活動；更將復活而表現為無盡的未來的文化，未來的偉大人格。他是永遠自強不息的存在，他是一切偉大的文化人格之偉大之原。你由是將對於此具體整個之客觀精神本身，有一種更高之讚嘆。

這是你對於人類精神最高之讚美。

當你有此最高之讚嘆時，你的心眞正與人類精神全體合一了。

八

但是你的心不只須與人類精神合而為一，尙須求與宇宙一切生物之生命，合而為一。人類精神固然是較一切生物之生命有更高之價値的；然而你只知道人類精神之高，而不肯寄你之精神於人類以外的世界，以發現其對精神的意義，你的精神却不能算最高。

你可曾想到，世界之生物，有數百萬種？你可曾想到，人類以外之生物，每一種有其特殊之世界？

你可曾想到，樹木花草生長時，他們是如何的一種經驗？

你可曾想到，漫山的牛羊，牠們在羣中，是如何的感觸？

你可曾眞夢見，化爲蝴蝶，成了一株古松？

這些事你不能想像，因爲是太束縛於人類的世界了。

你說這莫有人全能够，這是不錯的，但是你在自然世界中時，你少有如此想，也是不錯的。

你當試去想想，一切生物如何經驗，你試去想想，你化爲他們的情形。你沉下你的心，忘掉你自己之精神，忘掉人類之世界，你試去想每一生物之特殊情調，每一生物之特殊生命價值。這將有無窮豐富的精神意義，呈現於你的心中，我現在不能告訴你。

假如你不能如我所說去做，你仍可有更高的看一切生物之精神意義之法。你可到大自然中，自滿山的森林，遍野的芳草中，看出普遍的生機之流行；自冰天雪地中之一條野獸，千丈石巖罅隙中之一株小草，看出最堅強的生之意志；自一粒穀之發芽結實中，看出其所結之實，如都能生長，在數百年後便會瀰漫全球；自一朵花所結之果，看出它有數千萬年的祖先爲歷史，亦能再發芽生葉，開花結果……至於無窮；而了解每一生物都有橫亘空間，縱貫時間之最偉大的願力。其可以感動你至於流淚，如同人類精神之感動你。你當由此以充實你對於人生之體驗。

九

但是你認識生物之世界後，你當認識所謂物質之世界——那是就外表上看的更廣大的世界——而寄託你精神於其中，發現其對於精神之意義。

你可曾對着朝陽，想他爲什麼萬古如斯的照着我們？

你可曾對着明月，想他爲什麼總是繞着我們地球旋轉？

你可曾對着中宵的星空，窮極你的視線，你的心自視線窮處，問那五萬光年外的光，如何自那寂寞的空間，到我們的地面，想那無窮的星雲世界，如何彌綸那無極的空間？

你可曾想你自己是日、是月、是星、是那無窮的星雲世界？

你可曾想使你的心念轉動，如整個的天體轉動，那樣合乎規律，那樣有秩序？

你可曾想使你的心，如日月星球那樣無聲無臭的永遠運行，不知休息？

你可曾想使你的心，如太空之無所不容，那樣寧靜的安住於其自身？

你沉下你的心，忘了你自己，忘了人類的世界、生物的世界，你就化爲整個的物質世界之自身吧！這將開闢你心靈之領土，如同你看一切人類精神活動之能開闢你心靈之領土。

十

當你的心體會了生命世界、物質世界之精神的意義時，你的心開始籠罩着宇宙之全境了。你將眞覺整個的宇宙如全呈現於你心靈之鏡。物質、生命、精神，在你的心中同時存在。但是當你發現這三個東西，同呈於你整個的心靈時，你將進一步發現，這三個東西，原是互相滲透的。物質入了人的身體，成了生命的資源；身體繼續了你的生命，維持了你的精神之創造；而精神創造之表現，又以你身體之活動為媒介，以物質之材料為工具。物質流入生命，生命升到精神，精神通過生命，以改變物質。他們是循環的互相滲透。

其次，你如研究過自然科學，你當發現整個物質世界之各種物質之電子原子分子，構成一和諧之秩序。它們之間，亦互相轉變。整個之生物世界（連人在內）之各種門類之相統率，亦構成一和諧之秩序。他們不互相轉變，他們在造化之歷程中，如樹子枝幹般，次第進化發展而成，在發展歷程中，互相配合。

宇宙之一切存在，原來是一互相滲透，互相轉變配合之一和諧之全體！當你眞能體會全宇宙之互相和諧時，你將發現宇宙本身之美，宇宙是一複雜中之統一。你有如是之思想時，你心中的宇宙之各部，自己互相貫通了！

十一

你想到了宇宙生物之進化歷程，你當想到在原始宇宙中物質生命與精神，是凝而爲一，而想像此物質生命精神之一體，如何一步一步的展開。首先獨發展其物質性之純物質分開，成所謂物質之世界。當時除純物質外只有生物，包含生命與物質，而精神卽潛存在生物之生命中。此時生物卽爲能保存原始宇宙中物質生命精神之一體者。後來獨發展其生命性之生物分開，成今所謂生物之世界。只有人類獨保存原始宇宙中物質生命精神之一體，而精神性特顯露，遂發展而成今日之人類。所以我們說，人類乃承繼原始宇宙之正統，人類精神之以物質生命爲基礎，正所以構成其爲宇宙之中心。

當你認識這些，你心中的宇宙各部，互相貫通，同時認識此各部互相貫通之中心，是人類精神了。

十二

其次，你反省我以上所說的話之全部——你心靈開闢之過程，你知道了：你可以在你心中，包括宇宙之一切存在，你可以在你心中發現宇宙之美，宇宙之和諧。你於是可進一層了解：人類精神，不特是各部互相貫通的宇宙之中心，而且此中心是反照着全宇宙，要將全宇宙攝入其內。人類精神之在宇宙，正好似一種奇怪的噴水池中心之一噴水之柱，水自池中心四面噴散至空中，又落到池面，**復將全池水吸上，至上噴之水柱之顚。**

你由此將更了解人類精神是宇宙中心的意義了。

你的思想，必須由平面形成為立體。你將全了解我的話。

十三

如此，你將了解宇宙的發展，即是爲呈露原始宇宙中本具的人類精神，呈露宇宙的中心而發展。

宇宙的發展，卽宇宙的中心之人類精神，要呈露他自己而發展。

宇宙之發展，卽是爲宇宙自己要反映於人類精神中，到人類精神中去，到自己的中心去而發展。

宇宙的發展，卽是宇宙中心之人類精神，如要將全宇宙吸收於其內而發展。

第五節　精神自身之信仰

一

然則什麼是人類精神之自身？人類精神在繼續發展的途中，是可有無窮發展的，那麼內在而未發展的人類精神，亦當是無窮的。我們又可說因爲有內在的人類精神之無窮，而後人類精神之發展無窮。

於是我們認識了那內在的人類精神之自身之眞實性。

我們之努力發展人類精神，乃是取資於那內在的無窮的人類精神之自身，開發那內在無窮的人類精神之自身。然而我們永取之不盡。我們愈取資，愈開發，愈感他之無窮，愈覺他之偉大。我們愈覺他之偉大，我們遂愈覺我們小。於是我們對他讚嘆，對他崇拜，向他祈禱，望他使我們更大些，使我們更能接近他。我們渴求與他合一，到他的懷裏。這就是我們的宗教信仰，我們發現了我們的「神」。

我們所謂「神」，原是指我們之內在精神，「神」亦指我們精神要發展到之一切。所以「神」具備我們可以要求的一切價值理想之全部，他是至眞至美至善完全與無限。

所以我們想到他，便可安身立命，我們願意永遠皈依他。

二

但是當我們一心要皈依「神」，以求達至眞、至美、至善、無限，與完全之境地，「完全無限的他」爲我所望見時，「不完全的與有限的我」，在我心之前，亦同時最明顯的對比出來了。於是我們的心，將反身看我們的不完全與有限，和我們所處的宇宙之不完全與有限。我們忍不住要問「神」：

你既然如此的至眞、至美、至善，何以又讓我心中充滿罪惡錯誤？你爲什麼讓懈怠阻止我的前進，讓嗜欲掩沒我的聰明，讓嫉妒代替了我的自信，讓殘忍斲喪我的同情？

你既然如此的至眞至美至善，在我們深心中呈現，幫助我們克服罪惡錯誤，以實現眞善美之價值，你爲什麼又允許時間來毀滅一切眞善美的東西？

爲什麼你不使小孩子永保他的天眞？

爲什麼你不使青年男女永保他的堅貞？

爲什麼你不使壯年志士永保他的忠誠？

爲什麼你不使孔子親身設敎至今？

爲什麼你不使耶穌在今朝復活再生？

爲什麼你不使我們再聽見釋迦說法的聲音？

爲什麼你不使一切偉大的人格，過去偉大的文化時代，都萬古長存？

你既然至眞、至善、至美，想散佈眞善美於人間，你爲什麼任許多努力實現眞善美的人，不爲人所知。

你爲什麼任許多詩人，飄泊世界，無處棲身？

你爲什麼任許多哲人，寂寞一生，長懸天壤，惟此孤心？

你爲什麼任許多思想革命家、社會革命家，幽囚、逃亡、殺戮、燒焚？

你既然是至眞至美至善，你爲什麼任宇宙處處表現衝突與矛盾？

你爲什麼使忠孝常不能兩全，智慧與熱情常不能並存？你爲什麼要任一切生物爲生存而永遠的競爭？

你爲什麼要任都了解愛的人類，互相殘殺，任人類歷史，充滿了刀兵？

你與其靜觀生物相競爭，人類相殘殺，使大地瀰漫着血腥，

何不用你無限完全的權力，把地球上的生物與人類，移佈至太空無數的星羣？

讓他們永不感物質的缺乏，各遂其生，相愛相親？

三

我們想着「神」之至眞、至美、至善、無限，與完全，使我們更深切的反省到，我們自己之有限不完全，我們所見的宇宙之有限與不完全。我們看看我們自己，與我們所見之宇宙，又看看「神」，我們認識人生根本是可悲，人生根本是在一悲劇世界中。而最大的悲劇，是我們要超越我們實際的悲劇世界，去實現至

眞至美至善無限完全之「神」之命令，而我們不能。因爲我們根本是悲劇世界之人物。我們是悲劇世界之人物，而又想不是，這成了我們心中最深的人生悲劇感。

當我們有此最深的人生悲劇感時，我們眞體味到我們的人生之眞實感情，我們了解人生最嚴肅的意義了。

四

然而最深的人生悲劇感之所由構成，乃是我們要想超化我們實際悲劇世界，而去實現至眞至美至善無限完全的「神」之命令。所以我們愈感到此最深的人生悲劇感，我們愈感「神」命令之存在。我們愈想超化我們實際的悲劇世界，我們愈感「神」命令之存在，我們將愈相信他。雖然我們不知道，我們如何超化我們所在之實際世界，然而我們愈相信「神」時，我們同時愈了解「神」之至眞至美至善，他之完全與無限的力量。我們於是不僅只相信「神」，而且相信「神」本身一定能化除我們實際世界之一切悲劇。我們心中只望着「神」之至眞至美至善無限與完全，我們相信至眞至美至善完全與無限之「神」，一定會勝利的。雖然我們不知道他如何勝利，然而我們的信仰本身，可以證明他終能勝利。

當我們相信至眞、至美、至善之「神」定會勝利時，我們在我們的最深悲劇之感中，同時具備了無盡的崇高之感。

當我們眞相信「神」一定會勝利，一定會實現其無限完全的眞善美於世界時，我們的心專注於無限完全之眞善美之「神」。我們透視過「神」之心，再回頭來反省世界之一切罪惡錯誤、有限與不完全，於是覺一切罪惡，都是待湔洗的；一切錯誤，都是待糾正的；一切有限，都是待破除的；一切不完全，都是待補足的。我們於是了解一切罪惡錯誤有限與不完全，其自性都是不眞實的，待否定的，將不存在的。一切罪惡錯誤有限與不完全，根本是虛妄的現象，而不是最後之眞實。於是我們認識了：一切時間的流轉之非眞實、一切空間的限制之非眞實、物質與身體之限制之非眞實、一切由物質缺乏與求身體之生存，而產生之一切競爭殘殺之非眞實、一切由時空之限制、身體物質之限制，而產生的衝突矛盾之非眞實。它們非眞實，它們只是暫存在。罪惡錯誤，將否定它們自己，而存在於眞善美中；有限與不完全，將補足它們自己，而存在於完全與無限中；世界一切實際事物，將超化它自己，而存在於「神」中。

一切罪惡錯誤有限與不完全，最後只是將超化而成爲無限完全的眞美善的「神」之一部。

這是我們對於「神」之絕對的信仰。

五

當我們對於「神」有絕對的信仰時，我們再來看世界，我們將覺一切有限之上，都有「無限」籠罩着，在滲透於其中；一切不完全之上，都有「完全」籠罩着，在滲透於其中；一切錯誤罪惡之上，都有眞善美籠罩着，在滲透於其中；一切實際事物之上，都有「神」滲透於其中。一切有限，都上升入無限；一切不完全，都上升入完全；一切錯誤罪惡，都上升眞善美；一切實際事物，都上升於「神」。

於是我們將覺「神」無所不在，神卽在當前的實際世界中。實際世界處處表現「神」的光榮。一切悲劇化除了，世界原來是如此光輝燦爛的世界！

不完全與有限的，包含罪惡錯誤的一切，都在上升於「神」，與「神」合一。不完全與有限，包含錯誤罪惡的我，也在上升於「神」，與「神」合一。這是我對我們的世界，及我們自己之絕對的信仰。

六

然而一切有限不完全、錯誤罪惡，我們經過「神」的眼光來看，誠然都在化除、都在上升。但是這只在我們保持我們對於「神」有絕對的信仰的時候。當我離開這信仰時，世界一切悲劇，依然在我們的眼前。一切有限不完全、錯誤罪惡，並不曾化除，並不在上升。然而當我們經過剛才這種絕對信仰之後，再來看世界之悲劇，我們却不只以人的眼光看，而且以「神」的眼光看。我們不復只覺人間一切悲劇之可悲，同時將對人間一切悲劇，生一種惻憫，而合成悲憫。在這種悲憫的情緒中，一方是通過「神」的眼光，來看之絕對的樂觀，一方是以我們人的眼光來看之無盡的悲感。這樂觀與悲感，交織滲融於此悲憫情緒之中。

在這種樂觀與悲感之交織滲融中，我們將自己代表「神」，來拯救人之一切罪惡錯誤，化除人間一切有限與不完全，拯救我自己之一切罪惡錯誤，化除我自己之一切有限與不完全。這就成爲我們之最偉大最嚴肅之道德的努力，這種道德的努力，是人代『神』工作。

但是「神」卽人類精神之全般價値理想，他卽是至眞至美至善完全與無限，你代「神」工作，卽是爲實現人類精神之全般價値理想底工作。實現人類精神之全般價値理想，卽出於你之要以你的心，與一切人類的心連接，而成爲普遍心。你的心之所以要成爲普遍心，由於你不願只限於個體心。你之不願限於個體心，由於你心之本性要求無限。所以代「神」工作，卽所以滿足你心之本性的要求，卽所以實現你心之本性。代「神」工作，卽是完成你眞實的自己。

我們的結論，用中國舊話來說，卽贊天地之化育，便是盡性，便是成己。

結論

在你思想的開始時，你必須知道：心與所對宇宙萬物之不離。

在你思想的第二段，你必須知道：心之自覺性的無限。

在你思想的第三段，你必須知道：如何在你個人之自覺性以外，體驗你心之無限。

在你思想的最後段，你必須知道：你的心可以包羅宇宙，而知你可以代「神」工作，而重新建設宇宙，同時完成你心之本性的要求。當你了解你思想之最後段，你將了解所謂現實的宇宙，只是你的心完成和實現其本性之材料。

這是我們所謂宇宙唯心的意義。

廿八年八月

第三部　自我生長之途程

導　言

當你能肯定你之生活，體驗心靈之發展，知道由內心的開闢，以包攝外界統一內外時；你才眞認識自我之存在，知自我是眞正自強不息的求充實其生活內容的。你方要求進一步，更親切的把握人在其生命的行程中，各種生活內容之形態與關聯。所以此部中，我們以自我生長之途程爲題，在其中姑提出十層自我生長之程序，卽十種生活內容之形態，十層之人生境界。此時我所說是我自己，所以我不如第一二部之用第二人稱之「你」，而用第一人稱之「我」之敘述語，來表達自我如何進到一層層之人生境界，在其中發現新價値、新意義，又如何如何感到不足，而翻出來，升到更高之境界。十層之人生境界如下：

一、嬰兒之自言自語
二、爲什麼之追問與兩重世界之劃分
三、愛情之意義與中年的空虛
四、向他人心中投影與名譽心之幻滅
五、事業中之永生與人類末日的杞憂
六、永恆的眞理與眞理宮中的夢
七、美之欣賞與人格美之創造
八、善之高峯與堅強之人格之孤獨與寂寞
九、心之歸來與神秘境界中之道福
十、悲憫之情的流露與重返人間

——一至五是意指凡人之心境，但凡人多不自覺。由五至十，是意指由凡人至超凡人以上之心境。最有由五至十之心境者，是科學家、藝術家，及追求人生理想之特殊人格、修道者及聖賢等。在我作第八時，是想着西洋式之堅強人格如尼采等；作第九時，是想着印度式之神秘主義者；作第十時，是想中國式之儒者之襟懷。但其所指者當然不限於是。又此十種心境之全部，當然非我所能盡寫出，我此文不過一指路碑。人重要的是順此指路碑，而到各種心境中，去一一生活過。

第一節　嬰兒之自言自語

混沌！混沌！一切不可見，不可聞，不可思想，不可了解。「我」在那裏？那裏是「我」？世界是一團黑暗，我是一團黑暗。這無涯無際的黑暗，誰與「我」一點光明？誰能聽得見「我」呼喚的聲音？

依然黑暗，依然靜默，這靜默的黑暗，這黑暗的靜默！我不能發現我，我懷疑「我」底「有」；如果我再不能發現「我」，「我」將復歸於「無」。

「我」不願復歸於無，「我」要肯定「我」的有。我必須在一光明中，發現「我」，我要衝破此混沌。

微光來了，眞正的光明來了。那強烈的光明，射「我」的眼，「我」不能適應。「我」依然閉眼，雖然離開了混沌，到了世界。

何處來了一陣冷風，吹去了我身邊的溫暖？·冷冷，「我」戰慄，「我」啼哭。「我」的眼，在未張開以前，先流的是淚。「我」感覺初到世界來的凄涼。

眼是閉着的，「我」仍然不知「我」在那裏。

「我」到世界來，最初仍然不知我在那裏。

在母親的懷抱中，「我」從新得着溫暖。母親的乳與我以生命力之源泉。母親，「我」生命所自的母親。母親還有她的母親。母親的母親，還有她的母親。……母親，由母親的母親之乳養育。母親的母親，亦有她母親的乳養育。……這乳泉，這母親生命之精華的乳泉，這無盡相續的世世代代母親之乳泉，養育着世世代代人的生命。

「我」在我母親的懷抱中，吮吸着這無盡相續的乳泉。我的眼開了，從乳泉中，透視出無盡相續的乳泉，好似乳色的江水長流。無盡的人們，在其中養育，長成上岸，分佈在歷史的世代，與廣漠的空間。

「我」最初發現我在母親的乳泉之旁。

母親，父親，我生命所自的生命。哥哥，姊姊，同出於一生命之本原，較我先生的生命。他們在我未來到世界之先，便滿懷着期待；在我來到世界之後，都到我之旁。我最初發現我在諸多生命之環繞的中心。

我的眼開了，我的目光向四方周流，周流於這形色之世界。

奇怪，奇怪！如何有這萬萬千千的形色？

母親的衣裳，哥姊的衣裳，有形有色；這山河大地的形色，是誰的生命所穿的衣裳？

我的眼吸收一切的色，我的耳吸收一切的聲，如我的口之吮吸母親的乳。一切的聲色，流入我的耳目，如母親的乳之流入我的口。

我口所吮吸的，是我母親的乳；我耳目所吮吸的一切聲色，是誰的乳？

安眠吧，安眠。天黑了，雖看不見白日的光明，然而聽得見母親的聲音，感觸得到母懷的溫暖，與母親的愛光。

安眠了，安眠。一切白日所見的，自我心中忘去，如天風之吹散浮雲。

我看了一切，聽了一切，我的耳目中，不留痕跡。

我也許也能記憶，但我不去回憶。

在安眠中，我心如太虛之遼濶，又好似回到混沌。

但是在母愛之光中，回到混沌，混沌是光明的。朝霞先佈滿天，迎接我與朝陽，同時甦醒。我莫有回憶，每日的朝陽，對我是同樣的新妍。一切森羅萬象，每回相見，對我是同樣的新妍。新妍，新妍！「我」永遠看山河大地，如大雨後的湖山之新妍。我生活於世界，我在世界中發現我。我在日照月臨中生活，我在花香鳥語中生活。我是我哥姊的弟弟，我是我母親的兒子。我生活之所在，卽我之所在。

所以「我」就是日是月，是花是鳥，是我的哥姊與我的母親。「我」的世界，全部是「我」精神之所在，我信仰「我」，也信仰「我」的世界。

「我」的世界，只有一重，所以「我」的世界中，只有眞實，而無虛幻。只有生活於兩重世界的人，才能劃分眞實與虛幻。我對一切新妍的，都感覺奇怪驚訝，依然不礙我對一切之虔誠的信仰。我之所以覺一切奇怪，對之驚訝，正因我之預備信仰他。

當我信仰了一切令我奇怪驚訝之時，我把奇怪驚訝吞了，變成了我生命自身的新妍之活力。

第二節　爲什麼之追問與兩重世界之劃分

當我有疑惑的問題，我已離開嬰兒的時代，到了童年。

問問，這爲什麼？那爲什麼？

「爲什麼」使我離開直接接觸的什麼，把世界劃爲兩重。天爲什麼雨？母親說因爲空中美麗的雲霞，遇了冷風。我無暇去聽雨聲的淅瀝，看雨後玫瑰分外鮮紅；却去幻想那昨日天空中的雲霞，如何遭遇冷風吹拂而下墜，也許好像我初降人間時，所遇之冷風。

月亮中爲什麼有黑影？姊姊說，因爲有玉兎。我忘了我正沐浴着月光在姊姊左右；却去幻想月中的玉兎，也許如鄰家弟弟的兎子，現在正在月亮中吃草。

「爲什麼」使「我」離開當前所直接感觸之「什麼」，離開「我」當前生活着的世界，而去揣測「什麼」之所以是「什麼」的，其他「什麼」。

把所揣測的「爲什麼」，與直接感觸的「什麼」對待，我生活的世界，變成兩重世界。

我所揣測的也許對，也許不對。對與不對之決定者，是那所揣測的世界本身。它要使我所揣測的對，便對；不然，就不對。它是使「我」揣測的對不對之主宰。「我」不敢說「我」揣測的一定對。我失去了「我」對「我」自己的信仰了。

一切「什麼」，都有他的「爲什麼」。如果莫有春天的陽光，如何有遍野的花草？如果莫有遍野的花草，母親如何肯帶我去玩？玩的快樂，依於大地已經裝飾，而大地的衣裙，是春陽所施與。大地被裝飾，是玩的快樂之根本，春陽是根本之根本。直接生活中的玩與花草，是不重要的，可得或不可得的。哥哥告訴我，只有那客觀的太陽之旋轉，才是最後之決定者。

「我」失去了「我」對我直接感觸直接生活的世界之信仰了。這爲什麼，那爲什麼，所爲的什麼，又爲什麼。一切有原因，原因又有原因。

這是什麼，這將去爲什麼，所爲出的什麼，又去爲什麼。一切有結果，結果又有結果。

我爲「?」所主宰，去馳逐於因果之無盡的環索。

我的小耳，聽先生講書、受教，就是要使我的心，一直扭着因果之鏈索，去了解世界。

我了解的遙遠的因果關係愈多，離我直接生活之世界愈遠，我把我直接生活之世界，看得愈不重要。

我要了解的遙遠的因果關係愈多，我隨意揣測犯錯誤的可能愈大，我也愈不敢相信我自己。「我」之循那事物因果之鏈索而學習，我時時都慄慄恐懼，如扭着橫度大江之鏈索而求渡。

我知道了爲什麼而有什麼，有什麼將有什麼，同時我知道去用什麼來得什麼。也許在我的童心中，我之愛問爲什麼，最初還是我曾隨意動作，用「什麼」便得着「什麼」，由「什麼」而有「什麼」。於是我才想問一切之爲什麼——但是至少在我知道爲什麼而有什麼時，我便想在可能範圍內，用什麼以得什麼了。

如果天下雪，我要作雪人的頭，我知道用圓盆去壓雪。

如果我要書店的達爾文像，我知道用錢去買。我本於因果之知識，而自覺的用一物以作手段，而得目的中之另一物。

用手段的我，是「現在的我」；得着目的的我，是「將來的我」。於是「現在的我」本身，也好像成爲「將來的我」之手段。

「將來的我」又有他「將來的我」，於是我「眞正的我」，好像在那遙遠的將來。我憧憬着一「將來的我」，

好像「現在的我」是爲他而存在。「現在的我」本身是無意義的，意義在「將來的我」；而「將來的我」又不在現在。於是我逐漸根本忘了「現在的我」之重要。

我的手段行爲，在現在，人可共見。我的目的，在將來，常只我知。

他人的手段行爲，我可見，他人所懷的目的，我不知。

他人是懷抱什麼目的，而有此手段之行爲呢？

當我要作如是揣測時，我對他人之外表行爲，失去了興趣與信仰，而對人之內心抱着疑問。

我由嬰兒成了孩童，所見的人，日日增多。學校中的人，街上的人眞多呀！每人都有一個心。然而我只見他們的身。他們的心，對我是不可測的神秘。縱然他們都無心害我，然而他們各人心中所懷之各種神秘目的，却非我所接觸。我感到許多心在我之外，我在人羣中，發現我之孤獨，我與他人之心，常有不可越的鴻溝。

母親父親對我的愛，哥姊對我的愛，可以自他們的行爲中證明。我對他們有原始的信仰，我與他們生命，原是一體。我只有回到家庭，可以使我忘去在不相識的人羣中之孤獨，所以我必需常自學校社會中回家。

但是我雖可回家，然而事實上，已不能常在家，而常須與陌生的人羣接觸，因爲我已是少年了。

我陌生的人羣，永遠刺激我，使我覺有許多不了解的心，在那一堆人影中。我心與人心之彼此隔絕，永遠使我不安，使我苦痛，但我不知我之不安與苦痛爲什麼。

我的心在下意識中反省，我了解我苦痛之原。

我如何不苦痛呢？「我」已失去對「我」直接生活的世界之信仰，「我」已失去了我對「我」自己之信仰。「我」已不覺「現在的我」本身之有意義，而「將來的我」只是憧憬中的存在。「我」又不能常在家，而須與人羣接觸，而人羣的心，又與「我」彼此隔絕。「我」如何能不苦痛呢？

這一切苦痛，只有一種根本的理由，卽「我」之要去問「爲什麼」。因爲「我」問爲什麼，然後對世界與我失去信仰，然後以「將來的我」爲目的，知道有外於「我」的他人之心。

問「爲什麼」，是一切痛苦之原。

問「爲什麼」，使「我」離開直接接觸的什麼之世界，而沉入其外之不可接觸之「什麼」。

問「爲什麼」，把「我」的心自直接接觸的世界，向外抛出，而陷落在空虛。

由問「爲什麼」所得的答案，雖不是空虛。

然而什麼，又有他爲的什麼，使「我」不能停在答案。所以最後仍然是空虛。

但我爲什麼要問「爲什麼」呢？

我現在希望的：却是不再問「爲什麼」，因「我」怕它又引我到空虛。所以

「我」不能再問了。

我現在是爲將來打算，「現在的我」是「將來的我」之手段，但是最後的將來，是「我」的死亡，這尤其是最大的空虛。

我要戰勝此空虛，我不能再問什麼。我對於一切，都不想再去問什麼，我不去問什麼，我只去要什麼。

我最好返於我之嬰兒期之心境，而嬰兒期不再來。

我最好只留在家庭，不與一切陌生的人接觸。但這亦不可能；縱然可能，而我已發現了許多與我隔絕的人心之存在。我由此而受的苦痛，需要更多的藥物療養。在苦痛中，我覺與我隔絕的人心，在對我壓迫。我需要打破此曾感觸到的隔絕。

我要打破我心與陌生的人羣的心之隔絕。最初，至少我要與其中之一個心，打破彼此之隔絕。

這最好的一個心，同時卽是遏制我之問爲什麼，而使我回復嬰兒之心境者。

第三節　愛情之意義與中年之空虛

我現在了解：愛情何以會在少年後的青年出現之理了。

愛情，愛情，爲什麼要求之於異性？爲什麼要求之於家庭以外之異性？這正是因爲我之需要愛情，是爲的補償我在人羣中所感之孤獨。我要在陌生的人羣中，與我隔絕的心中，找一個與我可以打破彼此之隔絕者。

我要求那與我心靈似乎隔得最遠者，而打破彼此之隔絕。異性間的性格，正是隔得最遠，以致相反，而其他家庭中的異性，血緣愈疏的異性，與我隔得更遠。

所以異性之爲我所注意，最初覺她好像在另一世界，是一彼界的天國。

愛情，愛情，你只使我體驗什麼什麼，而不去問「爲什麼」。「爲什麼」在愛情中止息，「爲什麼」所生的空虛，在愛情中充實。

所愛的人，一言一笑，都是新妍，一舉一動，都令人信仰。

於所愛的人一言一笑，一舉一動，都好似直感他的原因，不待去問爲什麼。

愛情亦使人焦燥不安，愛情亦使人歌哭無端。我幾次想逃出愛情之外，自問我爲什麼要愛她，我愈問愈得不着答案。

因爲我之愛她，卽因「我」不知爲什麼；我就是因爲他能使「我」不問爲什麼，才會愛她。

愛情使「我」忘了問爲什麼，也使「我」忘了用什麼以得什麼。愛情使人初見時不好意思，愛情使人初見時難以爲情。

怎麼我在初見我所愛之時，會手足無措？我知道了，這正是因爲我這時所重的，不是用什麼以得什麼，手足成爲多餘的了。

在愛情中，最初我不特不知用什麼，最初也不知我的目的安在。

我愛一個人，追隨她而行，她忽然轉身問我「要什麼？」我竟恍然若失，不知所答。「我」最初原不知「我」要什麼。

當我吞吐的說出，我要她的心時，我並不知我說的是什麼，因爲我並不曾了解她的心。

我可以在朦朧中覺到我之目的，是得那神秘的心。然而我不能以我任何身外之物爲手段。壓雪的盆今用不着，因爲盆子太不神秘了。

我要得她之心，只有把我之情懷，向她傾吐，把我之精神，向她貢獻。我只能以我「現在之整個自我」爲手段，以換取「對方之自我」爲目的。我此時不復是如從前之以現在之我爲手段，而憧憬一將來之我，以得將來之我爲目的了。

她是我前途的光明之所在，她是我將來生命意義之所托。她就是我生命之前途，就是將來的我。

而她是現在存在着的生命，她是現在存在着的「將來的我」

我童年憧憬着將來的我，同時憧憬着其最後之死亡——那最大的空虛。

我現在以她爲我之將來，而她存在着，於是死對我成不可想像。

最大的空虛變成最大的充實。

死我不能想像，死自己死了。於是我獲得兩重生命。其中一重，在我自己之兒子身上，具體表現出。

我的兒子是我之另一重生命，卽我之化身。

我的兒子，最初是嬰兒。於是在愛情中，「我」覺我將化身爲嬰兒，「我」憧憬着，我復歸於嬰兒。

當我自己是嬰兒時，母親養育我，母親創造我。我現在想去誕育嬰兒，卽是希望我愛情的對象，成未來的母親，我現在也在創造另一種母親。

而我是母親所創造，所以這只等於母親在創造她的同類。

這尙不僅是我母親的意旨，也是世世代代母親的意旨。

在愛情中，我體驗到世世代代母親之意旨，我只是在承順她們，我眞復歸於嬰兒了。

我復歸於嬰兒，愛情將去誕育嬰兒。嬰兒成長後，復將誕育其嬰兒。

「我」將化身爲無盡的嬰兒，在無盡之將來出現，「我」獲永生。

在愛情中，我不問爲什麼，誕育的嬰兒長成，在愛情中也不問爲什麼——我現在由愛情以創造嬰兒，同時也創造了嬰兒成長後之愛情中之「不問爲什麼」，所以「我」現在是絕對的「不問爲什麼。」

當我實際上生了嬰兒時，我自己知道了：我之愛情是爲什麼。

但是當我知道我之愛情是爲什麼時，在那一刹那間，我卽不能眞體驗愛情之什麼。

我覺到愛情是一工具，我卽離開了愛情。

我與她之愛情，成更高的友情。我的愛情，移到我的嬰兒。但是我的嬰兒的心，不是我的心。他愈長成人，愈離開我。我的心，繫帶在我的嬰兒身上，他離開我，使我也覺離開我自己。只有在我兒子回轉精神向我，對我表示孝之敬愛，「我」才回到「我自己」，「我」才是「我」。

我於此纔眞了解：我不孝父母，等於毀滅父母。我應當孝我的父母。然而我的父母，不能永遠承受我的孝，因爲我的父母，將要死亡。

我希望我的兒子，永遠承順我。然而我的兒子，不能永遠承順我，因爲他要成長。

我兒子成長後，待他也有兒子時，可以知道孝我。然而我這時總難免在深心懷着恐怖：我在生命相續的連環上兩頭的環，都會一齊拉斷，而把我拋入無際的空虛。

我的恐怖逐漸的增強，我覺我快要掉在我生命所繫托的連環之外。我忽然抬頭一望我生命所繫托之連環，一環一環上摩霄漢，然而其端是懸在渺茫的雲中，其下也不知落到何所。我不知我一一之祖宗爲誰，子孫是些什麼。我再看其他與我同時存在的一切人，其生命所繫之環連，也莫不如是。

但我尤怕：我現在卽要自我所繫托之生命之連環降落，「我」想去握與「我」同時存在的人之手。

第四節　向他人心中投影與名譽心之幻滅

和我同時存在的人，何等的多呀多呀！他們是一陌生的人羣。我記起陌生的人羣之不可測的心、與我隔絕的心，曾使我苦痛的事。

「我」現在要想與他們的心有某一種聯繫，而打破「我」與他們間之隔絕。然而「我」如何能一一與他們彼此打破隔絕？「我」如何能使「我」，爲他們一一所繫念。

我於是在壯年需要名聞與榮譽。

名譽名譽！你使我爲一切人所繫念。

與我隔絕的心，不復與我隔絕，你把我與一切生疏的人連繫。

當我有名譽時，我再不孤獨。陌生的人，都知道「我」。「我」看見知道「我」的人之面孔，「我」便知道他人心中，嵌上我的名字。

「我」在他人心中，看見「我自己」，「我」自己生命擴大了。只要他人存在，我不怕我死，以至不怕我子孫之斷絕。典籍碑石，留傳我的名字。「我」在莫有生命的東西上，也看見「我自己」。「我」在他人生命中永生，在莫有生命的東西中永生。』

如果我有大名，窮鄉僻壤都知道「我」。

「我」到任何處，將不感寂寞，因爲都有人知道「我」。「我」緩步微行，經過四望的平野，踏上羊腸的小路，聽見橋邊水聲，橋邊有小學校。我聽見先生講書，提到我的名字。我從窗外走過，他不知道「我」是誰，但「我」知道他講的就是「我」。

這一種情味，就是有名聞的效果。

我望有大名，我要大名。我遙望見那茅舍的炊煙，隨風吹織成文。這炊煙，好似隨風吹織成文字，那似乎是我的名字。

風似乎吹我的名字，到山坳、到山頂，山頂是落日的霞彩。燦爛的霞彩，也似乎結合成我的名字。

我恍惚見霞彩滿天，「我」的名字，由霞彩輝煌的錦繡在長空碧宇。名譽是可愛的。

但是無限好的夕陽，變成黃昏，茅屋上不見炊煙，但聞犬吠。「我」想着一犬吠影，百犬吠聲時，使我對名譽，忽然憎惡。

名譽之在世俗的人們，只是一聲音。世俗的人們，傳播人的名譽，是當作新聞與閒談的資料。

如果我的目的，眞只在使我的名字留傳。這幾個字何書莫有，散見與連起，有何差別？

如果「我」生來不用此字作名字？這幾字留傳了，又何嘗是「我」？

人們用稱揚之辭，織就我之名譽，如錦繡的彩衣；當我初穿上彩衣時，也未嘗不覺足以揚眉自詡。

然而人們之稱譽他人，總是依他們自己眼識與見解；人們與「我」之彩衣，是照人們所想的我自己之身材裁剪。

人們常把他們自己的思想、情調，與希望，向成大名的人身上編織；把他們隨意想像而裁就的衣裳，一概給他穿上。

如果歷史上的成大名者，一朝復生，再來看他所披之重重錦繡；他第一步是發現他自己是穿得臃腫不堪；第二步是發現他在哈哈鏡中，被人們不同種類之讚揚，東拉西扯，不成樣子；最後，是現代人，正還強迫的用錦繡披上他的頭，他將根本不知他自己是在何處？

可笑的是：現在爭名者，還在珍惜人們偶然送他之錦衣一襲，他不顧其合不合身材，穿上便郎當亂舞。

一羣郎當舞袖，袖袖相揮，竟忘了他們身體在不合身材舞衣中，東倒西歪，因爲他們要勉強繼續去適合那不適合的舞衣；更忘了送他舞衣的人們，現只在旁冷眼看戲。我現在才知道，求名亦復是可笑的。求名會使我失去我自己。』

第五節　事業中之永生與人類末日的杞憂

爲求名而求名，是人生的虛幻。只在爲扶助事業而求名，是可容許的。

然而當我們爲事業而求名時，我精神的重心，已不是在求名而在求實。爲求實而求名者，如果在名譽可以妨礙他所求之實時，便犧牲名譽。

我感到求名的虛幻，我現在要求實，作一眞正的事業。

事業，事業生根於地上，它集合許多人共同努力。然而許多人共同努力之目標，是事業之完成。

在「我」從事事業時，以客觀的事業之完成爲媒介，「我」與他人的心，才互相了解溝通，而破除彼此之隔絕。

「我」與他人，由彼此外表的行爲之合作，而使我與他人的心溝通。我們之行爲，連繫在一客觀存在之事業上。

「我」在客觀的事業中，與他人之行爲的合作上，直接感觸人我之無間。

事業吸住我與現存人們的心，也吸住未來同志們的心。

在事業之發展上，我們眞可看見：我們生命之通於未來人的生命。

「我」在爲事業而從事事業時，「我」在地上，獲得永生。

「我」之血汗，在農場中；「我」之血汗，在工廠裏；「我」生命之輪，隨機器之輪轉動。我死後，只要這機器一天有人繼續的推動，「我」的生命亦運行不息。

事業事業！一切事業我都想做，我都要做。

這社會千千百百的事業，每種事業，集合多多少少人的血汗。

每一種事業，多少人和衷共濟，多少人分工合作。

合作合作！相輔相成的合作，在合作中，看見人心之聯成一體，社會之相續不斷。

無情的機器，聯結了多少人的意志與精神！這使「我」凝目注視時，流感動之淚。

當我從事事業時，我忘了我生命之微小。當我把整個社會進步，當作人類之共同事業時，我覺到「我」生命，與一切人類生命之相通。

我現在不要名譽，我願在無人知道的地方，去幫助一事業之完成。

當我在工廠中，把紙製出。「我」知道紙上將寫他人之名字，但「我」見紙之製出，即有無盡之欣喜。

當人們覺我有名聞時，我還是在人心之外，與人有一種距離。然而當人們絕對忘了「我」，「我」工作的成績，悄悄的表現人之前，爲人所享受時，「我」

却眞與人無間隔。「我」通過我工作之成績，融入人們之自己了。

在無間隔的人與人間，彼此常是忘了彼此之名字的，如在家庭之母子兄弟間。

所以在男女之愛情中，彼此的稱呼去了姓，只留名；把雙名變成單名；再到換成其他稱呼；又到不要稱呼，卽愛情進步的象徵。

理想的社會中，人們分工合作，以從事各種事業；人與人間精神都無間隔，如家人；彼此相見時，但微笑招呼，也是會常常想不起彼此姓甚名誰的。「我」如此想。

事業事業！事業使「我」精神生根於地上，使「我」在地上永生。但是「我」從事事業。「我」又懷疑事業。「我」想着我個人事業的前途，人類共同事業的前途，使我憂懼，使我悲傷。

事業，事業，事業有成有敗。

事業成，許多人合作；事業敗，許多人分散。

如果只有通過事業，人們才有心的聯結；事業坍塌時，人們的心，亦如建築崩倒時之四散的磚瓦，不僅心散，而且心碎了。

說人類共同的事業，是爲社會的進化。

然而社會的進化，有什麼保障？

「我」已看慣了歷史上的治亂興亡！

未來的前途，在現在渺茫！

人類共同的努力，應向何方？

——我對人類未來的命運，抱着杞憂。我想着整個人類之過去現在與未來，我對整個人類之努力與奮鬪，生無窮的同情之慨嘆。

相傳盤古死了，血成江河，肉骨爲青山黃土。

女媧氏又摶土爲人——她也許是盤古生前的情侶。我想到她摶土時內心的悽楚。

然而盤古死了，只留黃土；自土製造的人，將復歸於土。

盤古可眞能復生，再來頂天立地，人類永爲宇宙的支柱？

我從事事業，與一切人們，努力於社會進化之共同事業，我可以懷抱此理想。

但一切的保障，依舊渺茫！

科學家說，太陽的熱力終當分散；全宇宙的熱力，都要四射，把空虛塡滿；一切用了的熱力，便一去不還。

我們的地球，當日益殭固，地球之末日，是雪地冰天。我想着地球的末日，也許還有最後一人存在，伴着一條犬。

他在那裏看太陽光逐漸的黯淡。

他由科學的計算，已知地球的壽命，此日該完。

他再去把圖書館中的人類歷史書，凝目注視，這歷史之最後一節，是他親手作成的。

他想着人類若干之努力奮鬪，誠然可歌可泣，他會悲從中來，忽然流淚。然而淚珠落下，卽被冷風吹結成冰，並不能浸濕書篇。

第六節　永恆的眞理與眞理宮中的夢

但是科學家的預言，可是眞理？人類事業的前途，究竟怎樣？眞理，眞理，我忘了我上想之一切，而注意於眞理。

什麼是眞理？一切什麼之所以然，是眞理。

我問什麼，那是爲要知其所以然，知其所依之眞理。我們之所以要問爲什麼，卽因爲我相信眞理存在。

我爲什麼要問爲什麼，我以前不知道，我現在知道：是因爲眞理存在。於是我可說，不是我要去問爲什麼，是眞理之存在，呼喚我去接近它。

眞理吸引我們去接近它，使我超出直接生活之世界。

眞理破壞我對直接生活的世界之信仰，是爲的啓示我以廣大之世界，是爲的使我更相信它自己。

如果我能逐漸獲得眞理，我相信了一眞理之世界，我將不嘆息我直接生活之世界，在「爲什麼」之下喪失。

「爲什麼」，所爲的什麼，又有其所爲的什麼。如果我們之目的，只在知事物發生與終結之最後的因與果，我之不能得最後的因與果，誠將使我感無歸宿的空虛之苦。

但是如果我的目的是在得眞理自身，知如此因必有如此果之眞理，或其他之眞理；則每一度的問，如果得着眞理，便是永恆而普遍的眞理。每一眞理都是一當下的歸宿。

眞理世界的眞理，有深有淺，有概括的多與少之不同。然而只要是眞理，它便放出永恆的光輝，普照寰宇。

當我求眞理時，我因爲有錯誤的可能，而不敢相信自己。

但是我不敢相信我自己，因爲相信我對眞理的信心。

我的信心，繫託在眞理；我卽以眞理之所在，爲我自己之所在。

當我求眞理時，我會犯錯誤，然而一切錯誤後面，背負着眞理。

當我不知道我犯錯誤時，我所想的，仍有是眞理的可能。

這是眞理的可能，也是眞理的光輝，自雲外透出。它照耀着我。

當我知道是犯錯誤時，我同時必已知道眞正的眞理。當我知我錯誤時，我似被眞理之手推開，將遠離眞理，而自雲中落下；然而眞理之另一手，卽把我抱在懷，上升雲裏。雲上是眞理之日光所映照之霞彩。

眞理，眞理，無窮無盡之眞理。天文的眞理、地質的眞理、生物的眞理、數學、物理的眞理，一切學問的眞理。

眞理之海無涯，任我游泳；眞理之光無盡，我遍體通明。

我知道天文的眞理，我心馳騁於太虛，攀緣着星，向宇宙之邊緣跌去。我知道地質的眞理，我游神於地球之初凝結成的情況。我知道生物的眞理，我最難忘的，是在古生物學上所講的恐龍與大蜥蜴；我幻想牠們數十丈的身軀，很小的頭，曾在喜馬拉雅山下爬行。還有那最抽象的數學上所講的，可能的四度五度空間，及物理學化學上所講的，如太陽系一般之原子世界之種種眞理。

認識眞理，使我心胸廣大。努力了解眞理，才知世界的秘密，原未貼上封皮。

眞理，莫有眞理，卽莫有世界。一切世界事物之所以存在，所以變化，都是因負荷一眞理，表現一眞理。

如果莫有天文地質的眞理，如何有運轉的星球，運轉的地球？如何地球歲歲有陽春？如果莫有植物的眞理，如何有遍地的桃花？如果莫有生理的眞理，如何有桃花下的美人？

眞理，永恆的眞理，永遠不厭不倦的表現。同樣的桃花之理，再表現爲桃花；同樣的生理之理，再表現爲美人。

去歲桃花謝，今歲桃花開；桃花去不回，眞理去復回。眞理不去亦不回，桃花年年開又開，好景年年不用催。誰說人面桃花不再映？君不見花前代代美人來。

但是我現在已不須去游春，看桃花下的美人，我已看見了永恆的桃花，永恆的美人，與永恆的陽春。

眞理，普遍的眞理，同一的眞理，表現於不同的空間與時間之不同的事物——大大小小不同之事物。

眞理把不同時空中之不同事物連結。

「千里相思，共此明月」，明月貫穿着我與我一切所思人的心。我心登靑雲端，我在瑤臺鏡中，見我一切所思人之影。我心透過明月，通到我一切所思人。

如是，我看窗前一株桃花，我知桃花之理貫穿一切桃花。我透過桃花之理，我的心也便通到一切的桃花。如是，我可以由任一事物之理，而通到表現有同一理之一切事物。

轉動日月的吸引律，也同時轉動花上的露珠。我在極小的花上的露珠中，透視出日月之輪轉，橫遍大宇，古往今來的一切星球一切事物之輪轉。

而我的眼球之輪轉，也本於同一之吸引律。

眞理使我在一沙中看世界，一花中看天國，而忘了我用以看之眼。因爲眼之一切運動，也只是在表現物理生理上之眞理。我只看眞理之表現，連我之看，也是眞理之表現，我的世界中只有眞理，**眞理是一切。**

不是我去看眞理，只是眞理看它自己。

眞理，普遍而絕對的眞理，包括了我，我在眞理中永生。眞理，眞理表現爲世界萬物。莫有眞理存在，世界萬物不會存在。然而縱然世界萬物毀滅，眞理仍然存在。

現在世界已莫有恐龍與大蜥蜴，然而恐龍與大蜥蜴所以生之理，仍然存在。現在世界已莫有大帝國與井田制，然而大帝國與井田制所以形成之理，仍然存在。

縱然一切星球，都成灰燼，世界到了末日，萬有引力律，仍然是眞理。眞理不表現，它仍在它自身。

宇宙莫有星球相吸引的現象，然而萬有引力律吸引住它自己。

世界毀滅了，世界一切事物所以生成的眞理，在眞理世界中休息；世界事物所以毀滅之理，在表現它自己，而此理永不毀滅。

眞理，永恆普遍的眞理，先天地而生不與天地俱毀的眞理。

這永不毀滅的眞理，我愛他。

我作了一個夢。

我永愛眞理，我獻身於眞理之探索。我攀緣着自天上掉下來的眞理之繩索，要上升於眞理之世界。

我攀緣着眞理之繩索上升。我見眞理之繩索，在下面愈分殊，愈到上面，許多細繩索，便交結起來愈粗。愈在下面，我愈怕繩索會斷；但愈到上面，我握着更粗之繩索，便上升愈易。更到上面，我便發現我根本不須用力攀登。繩索結成的網本身，便在把我拖上。我忽然似乎到了最高處，見所有的繩，一齊向天收捲起來，逐漸透明長大，好似夭矯的龍。

問龍住何處？原住水晶宮。

我看見一水晶宮。這水晶宮大如一水晶世界，原來我眞在一水晶世界，何嘗見水晶宮？

我見此世界一切，都是水晶，彼此透明，互相映照。我了解了眞理之世界，原是互相映照，互相攝入之全體。

啊！好純潔、光明、瑩淨的眞理之世界，一切纖塵不染，一切燦爛如星，這永恆的眞理之世界。

啊！這纖塵不染的水晶世界，任下方的世界，如何動亂與喧囂，你永是純潔、光明、瑩潔、而堅貞。

我看見我自己也纖塵不染，我心中虛瑩無物，我亦如復歸於嬰兒之一種心境。但是我漸覺水晶之光射我，使我覺寒冷，又似乎有一冷風吹我下地。

我注視我在水晶世界中之影子，是毫髮畢露。然而我忽然發現，我的衣裳不見，我成裸體。我方覺奇怪，再看我已只餘骨骼。忽然骨骼亦不存，我只見一大腦髓，其縱橫脈絡，絲絲入畫。此腦髓，在膨脹，愈漲愈大，似乎水晶世界中之腦髓，在跳舞，光影撩亂。我覺腦髓亦不知所終。

然而腦髓雖不存在，我的恐怖仍在。我恐怖而呼，原來是作了南柯一夢。

第七節　美之欣賞與人格美之創造

我從夢中醒來，猶餘恐怖。在夢中我覺腦髓雖不存在，而我恐怖之情仍在。我了解了，我不只有理智的腦髓，還有情感。我不僅需要冷靜的理智，我還需要溫暖的情感。

我不僅需要永恆的眞理之存在，我還需要永恆的眞理之具體的表現。眞理是抽象的，無血肉的，只有具體的表現的眞理，才是有血有肉的。有血有肉的眞理才是美。

眞理要我超出直接感觸之世界，美則使我們重回到直接感觸之世界，而於其中直接感觸其所表現之眞理。

美是現在的永恆，特殊中的普遍。

美，美，我在美的欣賞與創造中，戰勝了無窮的時空之威脅。

誰說宇宙大？當我凝神於一座彫像，那一座彫像，便代替無窮宇宙。

空間，無盡的空間，它不出我的視野，我的視力籠罩着全部空間。

當我凝神於一影像時，我全部視力，沉入影像中，也同時將其所籠罩之全部空間，一齊沉入。

我忘掉無窮的空間之認識，才能凝神於影像；所以當我凝神於影像時，影像的空間，即代替了無窮的空間。

誰又說宇宙是無盡的悠久？何處漁歌驚曉夢——忽爾漁歌頓歇，但聞波心搖櫓；我頓忘了人間何世，我才知「欸乃聲中萬古心」，一聲欸乃，代替了無盡的時間之流水。

普遍的眞理，表現於不同的時空之事物，把不同之特殊事物貫穿，但是它不能把不同特殊事物之「特殊性」貫穿。

一切美的景像，都是各部份不同，各呈特殊性的複雜體，而複雜中有統一，可以使人忘了複雜之存在。

「山虛水深，萬籟蕭蕭，古無人蹤，惟石嶕嶢。」你不覺山水石之存在，但覺一片荒寒，使人思深，使人意遠。

帷幕開了，電光下的人影，靜聆臺上演奏着交響曲。無數音波蕩漾，交響如潮。然而音波正好似海波——於海波起伏中，我們忘了不同而特殊的海波之獨立存在，但覺其存在於大海。

音波的起伏，亦使我們忘音波之獨立存在，而但覺其存在於音海。

各種藝術的各部，須要彼此和諧，卽是說我們必須忘了各部之獨立存在，而各需通過他部來看它之存在。

藝術品的各部之各通過他部而存在，正如海波之互相通過而存在。

所以在美的和諧中，我們有了不同而呈特殊性之各部，所構成之複雜，而複雜銷融於他們共同之統一中。

有特殊而特殊銷融，如是才眞統一了特殊。

特殊銷融於統一中，統一亦卽在特殊中表現。

特殊中表現統一，統一不礙特殊，於是每一藝術品，都是獨一無二。

獨一無二，使藝術品成爲一眞正之絕對。

一切眞理都是相對，只有絕對眞理是一。

一切藝術品，都是一絕對；一切藝術品，都是一絕對眞理之表現。

我欣賞、創作任何藝術品，都須視之爲絕對；我在每一藝術品中，直接接觸絕對眞理。

於是，我在任何藝術品之欣賞創作中，均宛若與絕對眞理冥合。

我可以把一切宇宙萬物，視作藝術品而欣賞之，凝注我之全部精神於其中，我將隨處與絕對眞理冥合，而獲永生。

我不只是自一沙中透視一世界，一花中看天國；一沙卽一世界，一花卽一天國。

一切美的景像，離不開聲色之符號。聲色之符號，由感官去接觸，感官屬於我之身體。

我從聲色中，欣賞美的景像，我同時印證了我感官之存在，身體之存在。

我的精神，於是從腦降到身之他部，通過感官，到聲色之美，到美所表現之眞理。

如此，在美的欣賞與創作中，我才會同時感到心與身之沉醉。

醉了的心弦與脈搏及身體之各部，同時跳動，因爲他們爲眞美所鼓舞，亦欲飛昇。

飛昇，飛昇！身體由沉重化爲輕靈。精神的翅膀，已在天上翺翔，我的身體，如何還不上升？

我的身體何須上升？以我美麗的靈魂來看，我的身體已爲一藝術品。

他本是美的表現，美的創作，他應當地上存在。

我的身體何須上升？我的精神、我的生命，可以凝注在一切物而視之如藝術品。一切存在物都是藝術品，都是我精神生命凝注寄託之所，便都是我的身體。我的生命，遂無往不存！

我的生命，是日光下的飛鳥，是月夜的游魚；

我的生命，是青青的芳草，是茂茂的長林；

我的生命，是以長林爲髯的高山，以芳草爲袍的大地；

我的生命，以日月爲目而照臨世界，照見我在長空中飛翔，在清波中游泳。

我所生活之所在，即我之所在。我信仰我，也信仰世界，亦如嬰兒。

但是嬰兒不自覺他所信仰的世界，即是他自己之所在，而我卻能自覺。

嬰兒不知道他的身與萬物之分異，我卻知道。

但是我知道萬物與我身體之分異，我仍能把萬物作爲我生命精神流注之所，視如我之身體。

我看一切都感新姸，都覺驚奇，亦如嬰兒。

我不只是覺一切之新姸，我是時時在發現一新姸的我。

我於一切都驚奇，但我不把驚奇，吞爲我有。我讚嘆一切驚奇，歌頌一切驚奇。

我不須把一切的驚奇，吞爲我有，因爲一切的驚奇本身，卽我生命之表現。如是整個世界的形色，都是我生命的衣裳。

我耳目之吸收一切形色，卽自己吮吸自己之生命泉源。整個世界之形色，是我自己生命自身所流的乳。

我的生命之泉源，在宇宙萬物中奔流；我在宇宙萬物中，發現我無窮無盡的生命。

我欣賞一切自然物，讚美一切自然物，視一切自然物如藝術品；我更欣賞我自己或他人在自然中所創造之藝術品。

我欣賞圖畫，欣賞音樂，欣賞一切藝術。

我欣賞各時代之圖畫，各時代中各派之圖畫，各派中各家之圖畫。我欣賞各時代之音樂，各時代中各派之音樂，各派中各家之音樂。我如是欣賞一切藝術，我欣賞之興趣，無窮無盡。

我以所欣賞者之美所在，爲我生命意義之所在；我在欣賞之生活中，沉沒我自己。

美的崇拜，始於欣賞自己之創作，終於欣賞一切人之創作，一切自然之創作。欣賞之趣味，成爲無盡，然後美的世界，才能無盡的展開。

在無盡之欣賞中，所欣賞的每一藝術品，亦都是唯一的，絕對的。然而當我只注視一切所欣賞者之絕對性時，我自己接觸了種種之絕對，我自己却成莫有絕對性的了。

我在無盡之欣賞過程中，在一切自然的萬物，他人所作的藝術品中，追尋我之生命意義，我原來的個性，漸漸喪失了。一切中都有我，然而我却莫有我。

不錯，一切是我，我是一切，那等於一切是一切。我呢？

我忽然想：我之沉沒於欣賞生活，會使我一無所有，我快要成另外一種混沌——藝術的混沌。

我要肯定我自己，我要把捉住我的個性，我要恢復一我。

我要把捉住我之個性，我要重新欣賞美，而注重創造美。

但是我此時，已不能只以創造一藝術品爲自足。因爲創造一藝術品，創造成，它便離開我，而只是我欣賞的對象之一，是與其他一切自然的人造的藝術品平等的。

我此時反省到我創造之藝術品，固是唯一的，絕對的，然而一切藝術品，都是唯一的，絕對的。

一切都同等的是唯一、絕對。唯一性，絕對性之分佈於不同之藝術品，成許多唯一、許多絕對。於是唯一不是唯一，絕對不是絕對。

此見我所造之藝術品，並不能表現「我」之爲「我」，因「我」之爲「我」，是唯一的唯一，絕對的絕對。

我所造之藝術品，創造成了，便離開我，而爲唯一之一，不復是唯一。

我要表現我之唯一，只有永遠去創造藝術品。

然而縱然我一生永遠在創造藝術品，我最後所造成之藝術品，仍將離開我。我死時，將感到我生命之表現，全落在我生命自身之外，我生命自身，仍一無所有。

於是我知道：我要表現我之唯一與絕對，我必須不只去創造客觀的許多藝術品；我當創造一眞正唯一、絕對，而與我永不離的藝術品。

這只有把我之性格，自身當作材料，把我之人格本身，造成一藝術品——我的身體爲我所欣賞，雖可視爲藝術品，但它是自然的藝術品，不是我所創造。我之性格，永遠與我不能分離，與我俱來俱去，我只有依我之性格，把我之人格，造成一藝術品。我才能眞永享有此藝術品。

我之人格，是亘古所未有，萬世之後所不能再遇。

這是唯一的唯一，絕對的絕對。我只有把我之人格，造成一藝術品時，我才創造了宇宙間唯一絕對的藝術品，才表現了我之唯一的唯一，絕對的絕對。

我於是了解了：我要求最高的美，卽是要求善。最高的美是人格的美，人格的美卽人格的善。要有人格的善，必需以我之性格爲材料，而自己加以雕塑。

我需要自己支配自己，改造自己，以我原始之性格爲材料，我要把自己造成理想之人格。

第八節 善之高峯與堅強人格之孤獨寂寞

「我」自己支配自己、改造自己，「我」自己把自己雕塑。

「我」在我自己內部，用錘，用鑽，雕刻塑造我自己之原始性格。

「我」與「我」自己之頑石奮鬬，「我」與「我」自己戰爭。「我」在「我」自己之內生，「我」在「我」自己之內死。

求美時心中有陶醉的歡悅，眞理中亦可以透露美；求善永是堅苦的工作。求人格之美求善，最初尙須表現醜，在自我戰爭中，先破壞我生命之自然的和諧。

善，嚴肅的善，我如何能獲得你？

善，價値世界的高峯，多少人在你之前，顚蹶退却而跌死！

然而「我」不能不有善，只有善能完成我的人格，完成我之唯一的唯一，絕對的絕對。

如果「我」不能完成我之唯一的唯一，絕對的絕對，「我」便不是「我」。「我」要是「我」，便不能莫有善。如果「我」莫有善，「我」便莫有「我」。

「我」未獲得善，「我」還不是「我」。

「我」還不是「我」，我縱然求善而跌死，又何足畏？跌死另外的東西，於我何足惜？

求善之本，在有堅強之意志。我有堅強之意志，「我」那怕摩天的峻嶺。

「我」不斷攀登，我一方看見山高，同時認識我內在自我之高卓，望見我理想人格之光輝。

堅強的意志拖着我，奔向日月的光輝，開出上山之路。

我回頭看我生命史，發現出一貫向上發展之人格。

「我」了解了理想的人格形態，是意志之絕對的堅強，這是本於無數的意志之努力，所凝鍊而成。

每一意志，都是一種去統一人格之活動。絕對堅強的意志，由無數意志之努力凝鍊而成，那它便是統一之統一。

「我」的人格本身，成至美而達於善，「我」的任一行爲，都是一藝術之創造。每一藝術創造，是一特殊之統一。「我」的一切行爲，互相貫徹，同是我堅強人格之表現；我的人格，便是一切特殊的統一之統一。

「我」的一切行爲，互相貫徹。我的每一行爲，在我全人格中有意義，以貫通於我過去將來之一切行爲。

「我」的每一行爲，都是一藝術創造，都使我在現在獲得永恆，這是一現在的永恆。

我自覺我之每一行爲之意義，都通於我全人格之一切行爲，我即獲得現在的永恆之永恆。

「我」的行爲，通過我的身體，連繫於實際的世界。

「我」堅強的意志，上達於天，下達於地。

「我」的身體，是表現我的行爲之資具，同時表現我的人格。

「我」的身體，透出我人格的光輝，而成氣象。

我立脚在大地，以我的行爲，散佈我人格的光輝在人間。

「我」以口宣佈我之理想，以手向人招，手口都負着理想的使命，而成精神之存在。

我的身體，亦不復要求飛昇於天，因爲我堅強的人格，站立於宇宙間，如泰山喬嶽。我可以我之手攀摘星辰。

「我」自以爲「我」已造成我理想的堅強人格，「我」仰首攀摘星辰後，「我」擧頭天外望，我感到「我」之眞正尊嚴，靈魂之無盡的崇高。

我本於我之人格而特立獨行，「我」自覺已完成我之人格，我已得着「我」之眞正的唯一與絕對。

「我」眞完成了我自己，「我」眞肯定了「我」自己，我好似又投胎降世，成一新生的嬰兒。這嬰兒是我自己誕育的。

但是「我」之所以能完成我之人格，本於善之理想。

善之理想本身，是客觀的，普遍的，「我」現在要以我之特殊人格，去負擔把善之理想傳到人間去之責任。

「我」以身載道，以特殊的我載「普遍」的善之理想，而運至人間。

我知道別人亦是一特殊的人，我並不把人與我混同。

我知道每一特殊的人之自我，都是與我同樣尊嚴高卓，「我」對一切個別的人，懷着無盡之虔敬。

但是「我」要希望我們一切特殊的人，同實現此善之理想，那神聖的善之理想。

「我」現在希望的，是人各由此善之理想，成其唯一的唯一，絕對的絕對；如是，各獨立的人格，將由善之理想而統一，而善之理想，又卽在各人的人格之自身。這是我希望的人與人的人格之內在的統一。

這人與人間，彼此互相以虔敬的情緒相待之人格的統一，我要去實現它，我在抱如此之希望中，獲得永生。

「我」以口向人宣佈這善之理想，「我」以手向人招，「我」自以爲「我」的人格，已堅強不拔，我站立在山崗大聲宣道。然而——

山崗，山崗，這離人間太高遠的山崗，誰聽得見我的聲音？誰聽得見我的聲音？

我以手摘星辰，這是永恆的善之寶珠，它有無盡的光輝。我把它摘向人間拋去，然而到了地上，都成頑石。

我再上升蒼穹，去摘那有更大光輝的星。

但愈上升，我愈感上空的寒冷。呵，精神升得愈高卓的人，愈將遭遇天上的罡風。

天風吹星，搖搖欲墜。「我」自己也將如失去了善的光輝之照耀。「我」忽然發現「我」自以爲堅強的人格中之軟弱，我感到莫有人聽見我聲音之寂寞與孤獨。

眞正的寂寞、眞正的孤獨，在什麼時候來臨？只在你懷抱一善之理想，要人信從，而人不理時來臨。其餘一切的寂寞與孤獨，都易抵當，唯有道不行的寂寞與孤獨，使我覺自己在黃泉道上，一人來往。

這一種寂寞與孤獨，我無從抵當，除非我把我的理想拋棄。

然而我如何能拋棄我的理想？

不然，便只有不愛一切的人們，讓人們永不見理想之光。然而人們如不見理想之光，將使善之理想本身更寂寞。我愛那善之理想，我不忍善之理想感寂寞的悲傷。所以我只有永遠承擔這寂寞與孤獨之苦，而仍要把善之理想宣揚。宣揚，宣揚，在此深夜中，誰聽見我的聲音，來自高崗？人們都已入睡夢茫茫；我只感山谷中的回聲，令我悽愴。我聲已嘶，而人們之鼾聲大作，鼾聲如雷，我再也不能與之爭聲之大小。我力已竭，不能久站在山崗。我傾跌了，跌傷了我堅強如鐵石的心腸。寂寞使我瘋狂。

我堅強的意志，不自認受任何的傷，只是寂寞使我一時瘋狂。

朝霞先佈滿天，迎接我與朝陽，同時甦醒。

我又立窗前，向塵寰眺望。

我現在對庸俗愚癡的人們，已斷絕希望。

庸俗，庸俗，我要與之遠離。

如果我永向庸俗的人們宣道，我將沾染庸俗。
我純潔的人格，不能爲汚穢玷染。
我要到淸流中沐浴，因爲我說話曾向着庸俗。
我要自人間社會隱遁，我要逃入深山；我要乘桴過海，到那無人跡之地去，與鹿豕同游；我愛荒僻處的亂草寒煙。

第九節　心之歸來與神秘境界中之道福

我遠行。
遠行，行漸遠。
我釋去我責任的重負，我快步如仙。
悠悠的長路，日光靜默的照着我之影。
我淸影度寒潭，此地是絕無人跡之世界。
我自顧我之影，我自呼我心之歸來。
歸來，歸來，自塵世中歸來！

歸來，歸來，我要看我自心之影。

歸來，歸來，心歸來了，你可平安？

心平安歸來了，我與你同坐柳陰下，看晚霞，靜待黃昏，再迎接我們永愛的天上繁星。

靜夜復來臨，夜氣淸且寧，我與我心，都如冰雪之瑩。

四野何悄悄。萬籟寂無聲。我心向內沈——沈——沈入我靈根。

沈——沈——我心向內沈。呼吸，呼吸，我在我靈根中呼吸。

呼吸，呼吸，世界爲我所吸，世界在我內部呼吸，世界的脈搏，在我心中跳動。

世界，世界！何處是世界？世界是一片虛明。

淵的虛明，淵的虛明，淵的深，淵的深，這無底的淵深，是世界的淵深，心的淵深？

淵深，淵深，淵深中的寂靜，寂靜中的淵深。

寂靜，寂靜，寂靜中的無聲之聲。

靜夜，靜夜，我心之靜夜，靜夜中的心之光明。

我聞，我見。我聞我之聞，我見我之見，我自見自聞。「見」見了他自己，「聞」聞了他自己，「覺」覺了他自己。

「覺」在天光中自照，「覺」在天樂中自聞。

淵深，淵深，如萬頃淸波之淵深。波光蕩漾了，波頂燦爛着流光之明，如天之星。

這燦爛的流光，流光，原是萬象在我心中浮沈。浮沈來去，來去浮沈，萬象家何在？波息還歸水，依舊碧澄澄。波復翻，浪再吼，這靜悄中，復聞喧豗。喧豗，喧豗，如萬馬千軍，地動天驚。波還逝，浪再停，依舊碧澄澄。

「心」，「心」，無窮之廣大，淵深，萬象之主宰，眞正的先天地而生。無始無終，絕對之絕對，永恆之永恆。世界毀壞，你萬古長存。

世界，我們常見之世界，對我們廣大無垠。在你，在你無盡之覺海，它如一波。一波逝，一波興，生成毀壞，毀壞生成。無窮的世界，在你之中，來去成毀。世界之成毀，是你之呼吸。你是一切世界之世界，你不滅不生。

你無窮廣大，絕對永恆，一切在你之內生息。

你在一切中，自己體驗你之無窮廣大，你之絕對永恒。

你是世界之世界，在一微塵中，表現你為世界之世界之無窮廣大，在一刹那中，表現你為世界之世界之絕對永恆。

我讚嘆，我崇拜，讚嘆崇拜我的心。我的心，卽我的上帝，我的神。

你是眞美善之自體，你是至善至美與至眞。

「我」記起了，我求眞求美求善，我曾覺他們在我之上，不在我之中。

「我」曾求彼眞，泠泠水晶宮。我曾求彼美，好月在長空。

「我」曾求彼善，壁立千丈峯；登峯摘星辰，凜冽來天風。

但是現在我知道，一切眞美善，原在我「心」中。

原來只因為我不知道，他們卽在我之自身，所以我們誤以他們在外。我現在知道，至眞至美至善，卽我之眞正的自己之德，我心體之德。我了解了我之求他們，原是在求恢復他們之光明。我求他們之努力，只在拭去障蔽他們之灰塵。我現在了解了眞正之自己。我已印證了眞美善，卽在我之心體。

我心體具備一切，我只要念念不離我之靈明，我將絕對完滿自足，無待於外。

心體潛深隱，恍惚不自知。眞美善自具，妄謂外求之。求之唯自求，知之乃自知。今證我心體，從此不再疑。

心體自完滿，曠然絕希求；慧光常自照，知道者無憂。

覺海大無際，乾坤水上浮；不生亦不滅，萬古長悠悠。

覺海何所似？虛明而靈通。虛明何所似？萬頃淸波融。靈通何所似？周流用不窮；萬象隨來去，來去不相逢。

我心爲大覺，大覺無不覺；凡我心所覺，皆我心中物。以蔽不自覺，乃謂有所覺；去蔽祛我執，自覺我之覺。覺覺成大覺，知心自完足。

宇宙由心生，生生者不生。生德無窮盡，宇宙毀復成；乾坤不得裂，賴我此靈根。

我在永生中永生。

第十節　悲憫之情的流露與重返人間

我心如大海之不波，清泠，清泠；虛明，虛明；靈通，靈通；寂靜，寂靜；淵深，淵深；我在柳下寒潭邊，眞正證「道」。

我此時亦復無所思，無所了解，無所聞，無所見，我復歸于原始之混沌。然而此混沌自身，是光明的。

我在永生中永生，我不求打破混沌，我不求誕生。

我靜靜的坐着，我不覺我身體之存在、世界之存在。我在絕對之光明的混沌中。忽然一種聲音，驚破了我之混沌。

遠遠的茅屋中，來了一聲嬰兒之啼哭，另一嬰兒誕生了。

我回憶起我初到人間來的啼哭，寒風吹拂了嬰兒之身，而嬰兒啼哭。

這是人初到世界來所感的凄凉，人生苦痛之最早的象徵。——我心重墜人間世。

啼哭的嬰兒，你是誰家的嬰兒？啼哭聲自茅屋中出來，我知你是貧家的嬰兒——你父親是種田者，或是別家的僕人？

我恍惚如有所見，見他父親，正忙着取被來包裹嬰兒，母親尚未息產後的呻吟。嬰兒，你在父母勞苦中降生了！

你將吃乳，吸去你母親之精華，你將使父親更勞苦。

你將成童，成青年，逐漸長大。但是你可能眞長大，你的壽命有多大？我想起在百年中，你在一段時間會死亡。

你死在嬰兒期？在童年，中年，或老年？

你死在你父母之懷，你妻子之側，或你朋友之前？或任何人也不看見你的死？我想你會死，我感到悽惻。

死，你爲何而死？你爲飢寒交迫而死？爲所愛的人拋棄你而死？或因爲你所愛的人們之死，過于悲悼而死？或爲無故被人輕視侮辱，社會無正義，含寃未伸而死？

你爲你事業失敗心碎而死？爲盡瘁過勞而死？爲學問不成，爲探求眞理，到蠻荒之地，感疫癘而死？爲藝術創作，過于興奮而死？爲殉職殉道而死？或爲舉世無知者，寂寞瘋狂而死？

在你人生之行程中，每一段生活，都可以使你覺永生，然而處處亦都可以使你死。

除非你到了能在永生中永生之階段，不知你有死，你將不免于抱恨而死。然而這一切，都是于你于我，同樣之渺茫。現在不可知的未來！這渺茫的未來！你將遭遇什麼命運？這不可知的命運！而你現在眞是一無所知，你根本不知有未來、有命運。

我想到嬰兒之未來的命運，想到他的死，他各種可能的死。

我看見各種死神，都好似圍在他之前，要此初生的嬰兒，投到他可怕的懷抱。只因爲死神們勢均力敵，他才莫有死。

我內心感着悽惻與同情之恐怖。此悽惻，由我之心怏瀰漫到我全身，我感着人世間之悲酸。

我頓想着：在此茫茫的人間，現在不知已有多少嬰兒在降生，多少父母躭憂他的嬰兒長不成？我想：此時有多少嬰兒死了，多少孩童、青年、中年、老年，以各種不同的原因而死？多少又正在與死掙扎，正在努力求生？多少正在努力爲他的愛情、名譽、事業、眞、美、善、而奮鬪，在捕捉他渺茫的未來？然而未來却在命運之手裏。我想古往今來多少人，在殘酷的命運之下，含寃飲恨，我感到人生是苦海，我的悽惻與悲酸，化成悲憫。

悲憫！悲憫之情之來臨，如秋風秋雨一齊來，使日月無光，萬象蕭瑟。

我對我所體驗的心之靈明，若自生憎惡。

然而當我剛一憎惡時，我同時發現我心體，並非只是靈明之智慧，我心之大覺之本，不在理之無不通，而在情之無不感。

我發見我之心體，唯是無盡之情流。

何處是我心？我心唯有情。何處是我情？我情與一切生命之情相繫帶，原如肉骨之難分。

我情寄何所？我情寄何所？不在山之巔，不在水之滸。

高天與厚地，悠悠人生路。行行向何方？轉瞬卽長暮。

嗟我同行人，兄弟與父母，四海皆吾友，如何不相顧？
人世多苦辛，道路迂且阻。悲風動地來，萬象含凄楚。
惻惻我中情，何忍獨超悟？懷此不忍心，還向塵寰去。

不忍，不忍，這惻惻然有所感觸之不忍，這一種對于一切生命之無盡的同情，與虔敬的不忍。這非一切言語所能表達，常只在一刹那忽然感受之不忍。這一種無數的生命之情流在交會，彼此照見彼此的悲歡苦樂，欲共同超化到一更高之所在，而尚未達到之際的一種虔敬的同情、這一切生命的深心中的，一種共感的悽顫，共感的忐忑。只能感觸，不能言語表示。

啊，只有由這惻惻然有所感觸之不忍，所依之至仁至柔之心，這才是我應當培養之充拓之的。

只有由如此之培養與充拓，我才能眞識得我心之仁，我心之體。
如果我莫有此惻惻然之仁，我的心之靈明，算得什麼？他將會墮入枯寂。
如果我莫有此惻惻然之仁，我之以理想之善，向人宣揚，算得什麼？他將會墮入傲執。

如果我莫有此惻惻然之仁，我之愛美，算得什麼？將化爲一種沉弱。

如果我莫有此惻惻然之仁，我之求眞理，算得什麼？他將只是一些抽象的公式。

只有從這惻惻然之仁出發去求眞愛美，才能將所得的眞美，無私的向他人宣示，使眞與美的境界，成爲我與他人心靈交通之境界，而後眞理，不復只是抽象的公式；美的境界，不復爲我所沉溺。

只有從惻惻然出發去宣揚我理想之善，才能在他人不接受我之理想之善時，而仍對他人之愚癡過失，抱着同情，對他人之人格，抱着虔敬。

只有從惻惻然之仁出發，才能不墮入枯寂，而用各種善巧的方法，去傳播眞美善到人間，扶助一切人實踐眞美善，以至證悟心之本體之絕對永恒，自知其永生中之永生。

當一朝人類社會化爲眞美善之社會，人人有至高的人格之發展，證悟到心體之絕對永恒時，人類當不怕一切，而重爲宇宙的支柱，盤古眞可謂復生了。

這時縱然太陽光漸黯淡，地球將破裂，人類知道宇宙由其自心之本體所顯造，心之本體所顯之宇宙無窮，亦可再新顯造另一宇宙。

縱然宇宙不是由心顯造，宇宙只一個，而宇宙又眞有末日之來臨；人類此時，既都已完成其最高人格，他將有勇氣承擔一切。

他縱然見宇宙馬上要破裂散爲灰燼，一切將返于太虛，他內心依然寧靜安定，亦從容含笑的，自返于其無盡淵深之靈根。

至少，人類知道他之一切努力，不是爲他以外的東西。他之求眞求美求善，都只是所以盡他之本性。他之一切行爲之價値意義卽在其自身，他將視外在的宇宙之成毀，爲無足重輕，如一物之得失之無足重輕。

萬一人類在此時還覺他文化之創造，要成灰燼，不免嘆息，他亦能馬上會本他大無畏的意志，而願自動的去承擔此悲壯劇。

他已把他自己所能作的都作到，他于宇宙無所負欠，只是宇宙負欠於他。他自宇宙中，光榮而高貴的退休，這樣退休，仍然是值得歌頌的。

但是，如何使一切人們，都有這樣偉大的精神，於一切都無恐怖。這種堅強高卓的人格，以至可以迎接宇宙之毀滅而無畏？這誠然是太遙遠的事，然而我們現在，已當抱此宏願、抱此理想。

要實現此理想之第一步，是要使人都知眞美善之價值，知人格培養之無上的重要。

但是如果人們尙不能免於飢寒，免於貧苦，免於自然之災害，不幸之早夭；莫有家庭之幸福，社會不能保障人之安寧，人與人不能互相敬重，共維持社會之正義，反互相殘害，人尙無穩定之現實生活，使人心有暇豫進一步求精神向上時；我們要使人人都愛眞美善，以至證悟至心體之絕對永恒，培養出大無畏之精神，那却是根本不可能的。

我於是了解了經濟政治之重要，一般社會改造、一般教育之重要，及一切的實際事業的重要。

我肯定一切實際事業之重要，是根據於整個人類理想生活之開闢，不能不先有合理之社會組織。而我之所以要謀整個人類理想生活之開闢，是本於我惻惻然之仁，而此惻惻然之仁，是宇宙中生命與生命間之一種虔敬的同情。

我的心，重新啓示我以如是如是之體認，我歡欣，我鼓舞。

我自柳下寒潭邊，站立起來，此時已不聞嬰兒啼聲，天上的曦光，已漸明了。我已肯定了一切實際事業之重要，我在歸途中看見的農人、工人、及其他工作者，我發現他們都負着神聖的使命，他們是對人類社會盡最切近的責任者，我對他們眞有無盡的虔敬之情緒。

我慚愧，我只在我的玄思中過活，我不曾作一件於社會有益的事，我發現我之渺小與卑微。

呵，我原是如此渺小、如此卑微！

我之一切自覺偉大的感情，最後如不歸於自覺渺小卑微，那些感情又算什麼？

我發現了我自己之渺小與卑微，我知道我一無所有，我原來仍在光明的混沌中。

我現在要肯定我自己，我得再衝破此混沌。

我要重到人寰，我要去作我應作的事。

我帶着慚愧，重新自混沌降生。

我復化爲嬰兒。

我在工作中發現我，不是在母親的懷中，是在人類的懷裏。我在現實的人類中永生。

三十二年二月

第四部　人生的旅行（童話）

本書之中華書局版原有此部，在人生出版社之版，我將其刪去。但我的一姪女，曾對此部特感興趣；我的女兒，也責問何以人生版將其刪去了。看來此部仍可保存，故於此學生書局版，再加重印。

君毅誌　一九七七

導　言

當你能肯定你生活、體驗心靈之發展，並對自我生長之途程，有全部的把握時，你這時須要對於整個人生在現實宇宙中之努力行程，有一具體的想像。成熟之哲學心靈，近於童心。所以此部以一童話體裁，來描述人生。首描述人之自自然界來，復欲超越自然界，而生原始的無依之感，順着時間之流，去憧憬嚮往其生命的前程。故此部中，即以時間象徵生命衝動，領導人生自强不息的工作。人生於是在超化一般的幸福觀念之過程中，體驗人間的愛，體驗文化之價值，以上升於神聖。再本神聖之命令，回到人間，以實現眞美善之社會。此部是以具體的故事爲題材，所以一切眞理都變成有血有肉，使人可在一故事的想像中，親切的把握整個人生。關於此部中，所象徵的義理，我不能一一指出，只在文頂上略加提示。最好讀者先將前三部之道理，全都了解熟習於心，然後再自然的將一切道理融化，而投映於此故事中去玩味。如勉强求解，反會失去我本意的。因不是處處都有所象徵。好在此故事本身，便能啓示人許多意味與情調，所以卽把它當作純粹故事來欣賞，亦可以由此故事之氣息，而使人對其所象徵的義理逐漸了悟。此故事共分爲八段，但八段是緊接相連的。

一、母親的隱居
二、長途的跋涉
三、幸福之宮的羈留
四、虛無世界之沉入
五、罪惡之嘗試
六、價值世界的夢遊

一 母親的隱居

人生在他自然的母親的懷抱中，已過了五年了。因爲他的早慧，在二年前他已能了解他母親同他說的一切言語。他不認識他人，終朝只同母親接觸。在溫暖的母愛之下，一切都是安穩而平靜。但在他五歲生日的那一天，他正在玩弄母親給他的玩具，忽然他母親叫他來，**對他說**：

「人生，你現在已漸漸長大，我爲養育你同其他的子女動物植物，使我精神漸衰，我將要離開你了。你不要悲傷，我是不會死的。我只是將要隱居，隱居到你父親那裏去。你生下尚不曾見你父親，但你一天會同他相見。——因爲他在等待我。他同我約，待你長大到此時，家務便歸你管，我不能不走去隱居。但是我去隱居，只是我精神去。我的軀殼，將化爲天上的日月星，他們永遠照着你以後的生命行程。你的搖籃及一切玩具，將化爲山河大地。所以你可不感到你的母親是不在了，母親給你的玩具，不會被你母親攜起走的。一切都是與從前一樣，只是你以後要想到你是一家主人，是世界之主人。你要有獨立自尊的精神，你要自己管理自己，自己對自己負責。你要自己尋找食物衣服，你將要吃苦，比你的兄姊還要多呢。我生育你的兄姊之其他動物植物的時候，我都給他們一定的居處，使他們身體的構造，適於取一定的食物；或給他們一定之本能，使他們有一種天生的工具，幫助他們生存。但我發現，他們因先有了較適於生存的工具，他們便只知賴母親給他們的工具來謀生，他們都成了不上進者。所以我同你父親商議，對於我們在此世界最後的兒子之你，決定不與你任何固定的本能。把你在胎中本可有的固定本能，都逐漸取掉，你愈長成，你的本能對你愈莫有用。你全要靠你自己，去培養你自己的能力，我們之所以有意剷除你與生俱生的一定本能，是因爲

人莫有固定的本能

你有一定的本能，便只有這一定的本能。而且這一定的本能，只是對於你之生存本身，有一方面的價值。你莫有一定的本能，你將成爲無所不能：你將發現生存以上的價值。只要你努力，你的前途是無限量的，我現在要離開你了。好孩子，你好好的創造前途吧。」說時遲，那時快，人生的母親便不見了，一切搖籃玩具都不知那兒去。一個五歲的小孩

人類是自然拋棄的孤兒

子，獨坐在一山岩的旁邊，望着前面無盡的曠野，縱橫的河流，經過曠野無聲息的流。青天是一望無際。他癡癡的坐在岩邊，從早晨到午刻，看望日月星不息的輪轉。他記起，這就是他母親的軀殼；沐浴在它們和煦的光輝之下，他知道她的慈愛，還照臨着他。但他已不能再投到她的懷裏，他已不能聽見她的話語。他知道她已走去隱居，在望不見的地方，她已不知走了多少路程，也許到目的地了。他現在已是一無父母的孤兒，獨自對着蒼茫的宇宙。寂寞使他疲倦，他只得在山巖的穴中，覓一休息之所。他知道這就是他的搖籃之所化成的。但是搖籃中溫暖的氣息，已全不存在了。他休息了一會，忽覺得飢餓起來，他看見巖邊一朵無花果，他想摘無花果來吃，但是他突想着，那是他的同胞姊，他不忍去摘。忽然無花果發出聲音來：「小弟弟，我知道你是餓了，你可以取我身上的果子來吃，我不會眞感着痛苦的。因爲我同一切植物，及你以外動物們的精神，都是與母親的精神很接近。母親離開了你，你已看不見她，但是她尙不曾眞離開我們，我們尙距母親之懷不遠。如果我們身體毀了一部，我們可以到母親懷中去取償。如果我眞死了，我們便回到母親的懷裏。我們之求生存，實際上只是奉了我們母親的命令。

只要我們盡了求生存的責任，我們隨時回到母親的懷裏，她總是會原諒我們的。

人的命運

但對於你，母親却決心要你自己去創造你自己的前途。除非你走完母親心目中望你走的路，你回去，母親是不會收留你的。所以你的境況更可憐。如果你餓了，可以在我們身上取食物，我們願意爲你暫時犧牲。而且在你離開母親，母親回家以後，母親便召集我們的靈魂來說過，她已離開世界，世界由你來當家。又說『你們都要服從他，受他指揮。』

倒轉的年齡

她又說：『在你們現在的世界裏，他雖是一小弟弟。但是在過去一世界，在你們父親原來的家庭，那不可見的國度中，他曾是你們的長兄：不過你們都早夭於那一世界，所以降生到此世界，你們便成了兄姊：你們應當以在不可見的國度中，事長兄的辦法，來事他。』母親說了以後，我們大家都一致表示願意服從母親的命令。但是母親又說：『你們亦不能無條件的服從他，因我要他到世界來，是要培養他的德性，要使他受苦，來鍛鍊他自己。你們亦可同他爭鬥，不要輕易讓他。使他知道，生活不是一件容易的事。』當時你有一個哥哥就說：『立意要服從而又作成爭鬥的面孔，豈不是演劇嗎？』母親就說：『世界本來是舞臺，生命就在演劇中充實它自己。眞正的演劇者，在劇中便忘了他自己，如眞在劇中生活。如果你們不能在演劇時，覺在劇中生活，那麼我便使你們忘掉你們兄弟姊妹之關係，讓你們只相視如陌生的路人，讓你們去合作或爭鬭。』母親於是作起「忘却」之烟霧，把諸兄姊的靈魂之眼迷了。我因爲莫有花，所以當母親話說完時，乘她不見我，便逃回此世界，

兩重世界中之和諧與矛盾

還記得她的話，所以現在告訴你。你以後將發現你的兄姊們同你是分立的個體，在原始不可見的家庭中之一切親愛，將不存在。你要遇着兇猛的野獸，你也將忘了你原先與他們的關係，同他們爭鬭。但是你有一天，仍會在父母之原始的不可見的家庭中，回復我們兄弟姊妹之感情。我們將只覺是演了一有趣的悲劇的喜劇，你將覺我們父母原始不可見的家庭，是藉世界之演劇之衝突，來擴大和諧的家庭。」

人生聽了無花果的話，正在默想，對於她最後的話，尤感到無窮的趣味。但是忽然間無花果旁，起了一陣輕烟。無花果頓道：「母親在責罰我們，不當談這些話了。她又發出「忘却」的烟霧來了。你如果不願意忘却我剛才的話，你快走吧」。但是人生想着這烟霧出自母親的活動，他心已癡了，他再也不能移動一

步。於是忘却之烟霧籠罩到他身上，一刹那間，無花果的話他全忘掉，連他的母親原向他說的話，都忘掉了。他已不知日月星之天體，即他母親之軀殼，亦不知山河大地，即他之搖籃玩具。

原始的無依之感

他只記得他母親名自然，亦不知無花果是什麼。他伸着手來，把無花果摘下來吃。他現在只知道有他自己，他成了眞正孤獨的人，他不知他自何處來，亦不知以後到何處，只是一種無盡的凄涼之感，縈迴在他的胸際。

二　長途的跋涉

原始的寂寞

人生正在無法排遣他寂寞的時候，一個白髮蒼然的老人立在前呼喚他：「人生，你呆呆癡坐着爲什麼？」人生答道：「因爲我找不着排遣寂寞的事做。老先生，請問你從何方，來到這廣漠荒涼的世界中，你的大名是什麼？」老人答：「我的名字叫時間。我是你母親自然在那不可見的國度中之僕人。你母親來到這世界，便把我帶來幫助她建設世界。

時間—宇宙生命的原始衝動的象徵

你母親回去，便把我留在此，代她管理世界，建設世界。」

人生問：「何以從前不見你？」

時間答：「你從前是不會看見我的，因爲我是時時在此世界上巡廻。我管理世界，建設世界的方法，是將一切事物的機關撥動，不要它們停滯，讓它們自己生產。如此便增加了世界的財富，便算把世界建設得更豐富更偉大，這一種職務，是相當的繁難，但是我不能絲毫懈怠我的責任。所以我看見你在這裏困倦，我便來呼喚你。假如你眞無法排遣你的寂寞，我可以攜帶你去遊玩，看這森羅萬象的世界。這世界經你母親同我，多年的建設構造，已成爲很值得遊玩的了。你只要隨着我走，你永不會感着寂寞的。」

人生答：「你是我母親的僕人，你便是我的老家人，你應當算我的前輩。我願意跟着你走。隨你帶我到那裡去遊玩吧！」

生命創進有不一定數的可能之象徵

時間說：「這世界的任何地方，都有我的足跡，任何路道我都熟習。但是正因此我便任何處都可去，任何方向的風景，我都覺得很好，這使我不知要向何方引你去先看好，你最好還是自己選擇一方向吧。」

人生：「那我們向西方走，向着太陽落的方向走吧！」他下意識中，仍想着太陽是他母親軀殼之一最好象徵。

時間：「那是可以的，那嗎你先走，因爲方向是你選擇的。」

人生：「但是我不識路，你不是說你攜帶我走嗎？」

時間：「我攜帶你走，只能在你後面走來攜帶你，你的脚步須跨在前面。我同一切事物的關係，都是我先呼喚他動，然後在他們後面走。」

人生自己決定他的祈嚮

人生：「你這種攜帶人走的方式，是很特別的。」

時間：「這有兩層理由：一層是我雖然老，但是我在你前面走時，我的脚步是非常之快，你是趕不上的。其次我在你前面走時，我看見其他停滯的東西，我便要先去撥動它，這不僅是我的責任，而且我的性格決定我如此。我不能忍耐任何似乎停滯不動的東西，爲我所見。我走在你的後面，我可以不看見其他的東西，我可以把引導你前進，作我唯一的任務。」

人生：「那你不是掩耳盜鈴，把我母親交給你使宇宙一切事物運動的全部責任解弛了嗎？」

人決定宇宙生命之流的方向

時間：「但是你母親同我說過，在她離開此世界以後，我最主要的責任，是引導你去運動，而且在我引導你去運動時，我同時卽能使一切事物運動，並向我們所走的方向運動。因爲在一切事物的靈魂深處，都知你是他們的小主人。」

人生：「我仍不了解何以你引導我運動，卽使一切事物運動？」

時間：「因爲我有一個妻子，她名爲空間。她有一種奇怪的能力，名爲延散。在我走動時，她便用她這種能力在我後面搜我的足跡，延散到全世界。這就是說，當我引起一種事物之變動時，她便馬上把此變動推擴開拓到無遠弗屆的地方，使一切事物都發生變動，而使世界任何處，似看見我的影子。所以我雖然以引導你走爲我主要的責任，然而卽在盡我主要的責任中，便盡了我全部的責任。」

感通的宇宙

人生：「你有個妻子，是什麼時候結婚的？」

時間：「我們是在你原始的家庭，那不可見的國度中定婚，由你父母主婚，到這世界來的一刹那，我們便結婚了。」

人生：「我母親是自然，我父親是誰？你認識他嗎？」

時間：「我原來認識他，但是自從到這世界來，我一天忙於我的工作，我已把他的像貌名字都忘了。」

時間忘了使他與空間結婚的人，時間如何聯結於空間，原始的無明之一。

人生：「我何時可見着我的父親？」

時間：「你同我行到不死之國，卽那不可見之國度，你原始的家庭之所在，你可以見着你的父親。」

人生：「你可以同我到不死國嗎？」

時間：「我本從不死之國來的，我亦可以引你到不死之國去。但是到不死之國，須經過一大江名爲永恆之江。我可以負着你游泳過那大江。但是我把你送上不死之國，我自己便要死一次，才再復活。而你要到不死之國，你要經很多的困難。你所選擇的方向，本是通到不死國的。你如不怕困苦，我會一天同你去的。我應該爲你死一次，因爲你是我的小主人。」

時間不是最後的眞實

人生：「你死了一定能復活嗎？」

時間：「只要我妻子空間莫有死，我總會復活的。因爲她愛我，我愛她，我們的生命互相依賴，我死了，她招喚我一聲，我便復活了。」

人生：「我覺得你的妻子的一切能力，很像魔術家，倒很有趣味。我能夠見她一面嗎？」

時間：「她的影子你隨處都可以看見，那無邊的虛空就是。她的身軀，則在那遠遠的天盡頭，你是不容易看見的。」

人生：「你的妻子也像你這樣老嗎？」

時間：「她不老，她永遠是年青而美麗。因爲她性格很平靜溫和，她的事很少。她只是收藏我的足迹，散佈到全世界，這是她天性中的能力，她很自然的作了，她不須勞苦。不像我永遠是僕僕風塵，所以我顯得衰老。」

人生：「她不討厭你老嗎？」

時間：「那不會的。因爲她只會見我一個男子。你將來或者會認識她。此外一切動物植物，只在她影子中生活，但還不曾眞去看那影子，因爲動植物只看見環境中之物質——而且我在她面前，她便會使我忽然變年青。」

人生：「你在什麼時間會見她？」

時間：「當我把一個事物完成時，我便交給她。我管理世界建設世界，她代我保存世界。她是我的助手。當我完成任一件事物時，我們都會自然相見。她當我把

時間賴空間恢復他的青春

完成的東西交給她時，她便很高興，因爲她亦覺增加了她的所有。她的高興我感染到，而增加我去作新工作的勇氣。當我預備作新工作時，我永遠是年青的。譬如我在使一種子發芽的時候，我總是年青。當一種子初發芽時，便是我同我妻子會面後的一剎那。」

人生：「你同你妻子有衝突過嗎？」

時間：「衝突是有的，猶如人間的夫婦。因爲她常常不願我這樣勞碌，要我休息。但是我一方忠於她，一方要忠於我的主人。她要我同過平靜的生活。但是平靜的性格只在她本身是優點，對於我就是牢籠。而且我動的方向是不定的，前後參差不齊的。而她則要我均衡對稱的動，因爲均衡對稱是一種動中表現的平靜。所

螺旋式前進與自然律

以當我從一方向動時，她有時會拖住我轉向。但我們會互相遷就，以一種螺旋的動、循環的動，來解決我們之衝突，而使我們復歸於和好，而且我們每度復歸於

和好之後，都使我更能互相容讓。因爲我們的衝突，只是我們私人間內部暫時的事，所以從表面看來，也許看不出衝突之存在。

人生：「關於你同你妻子之一切，我都暫時沒有什麼問題。那嗎我們走吧。」

時間：「其實我們已走很遠了，你看你站在什麼地方？」

人生低頭看，果然見他的足在不息的動。他很驚訝的說：「何以我不覺得在走呢？」

時間的觀念沉沒在隨時間進展之順遂的生命活動中

時間：「你同我一道走而走得很順遂時，你是不會覺得你在路上走的，你也不會想到你走了多遠。只有在他跌了交子時，你才會覺得你在走，你才會望你走過的路，知道你走了多遠，進而問我們將到那裏。」

人生：「我們究竟將要到那裏了？」話剛說完，他們已走到一四叉路口。路口上各插着一牌子：那是動物之世界、植物之世界、物質之世界、人之世界。

人生：「我們不是已見了很多的植物動物物質嗎，何以此去還有特殊的動物植物物質之世界？」

時間：「你見的動植物物質，都是從你的眼光中看出去的，你並不曾眞入動物植物物質之世界，你不能眞有與動物植物一樣之經驗。一隻鳥、一根草，你只看見牠的形色，至於牠們自身如何感觸，對於你是永不能探測的神祕。至於原子、

不可知的境界之初次肯定

電子之物質本身，有無其特殊的經驗，你更無法了解。你只在你主觀的世界中，看它們之外形，你並不曾入它們的世界之內。這裏的四個牌子，是指示到它們世界本身去之路，但四條路你只能走一條，就是人的世界，因爲你現在只是人。」

人生：「但是那幾條路是誰走的？」

時間：「那幾條路你母親可以去，我同我妻子可以去，你不能去。你去，你便要化爲禽獸草木，你是不願意的。」

人生：「但是我已是人，我想知道禽獸草木之經驗是如何。」

時間：「因爲你是人，所以你才有如此之好奇心。但如果你眞成了禽獸草木，你便無如此之好奇心。你縱獲得了這些經驗時，這些經驗對於你也莫有意義。你要想滿足你的好奇心，在人之路口上有一學術的高臺。在臺上，你可斜望那幾條路中的情形。你可以望

理智的限制

見禽獸草木之經驗之抽象的構造。然而禽獸草木經驗本身，仍永遠爲你封閉，不

讓你知道的，除非你一天回到你原始的家庭中，再轉來。你現在去看，並不能增加你眞實的經驗之內容。」

人生：「那嗎我們走上人的世界之路吧！」

人生便同時間經過人的世界一牌，走上人的世界之大路。但剛剛走過路牌，霹靂一聲響，回頭看他原來的路忽然崩裂，逆着來時的方向，繼續不斷的往下沉，似乎沉到無底的地方去。一陣瀰天的大霧，把來時路上所見的山河，完全遮沒。此時老人亦不見了。他想老人在他後面，一定隨着路之崩裂而落下去了，他不敢再回頭看，仍轉過頭來。但此時老人的聲音又在他後面出現了：

人類生活于他自己發現的世界

「人生，這是離開自然世界到人的世界之第一關，所以這路斷了。你以後再不能眞回到你往日生活，你要開始與人的世界接觸。你在最近一段時中，是不能回頭來看見我。在你初入人的世界中，你回頭來看我是看不見的。你只能聽見我的聲音在後面。因你初入人的世界中，你的目中便有一種光名爲「探尋之光」。而此時你的探尋之光，是要照耀在事物上，不能一剎那停在我身上。所以你剛才回頭來看

人類生命衝動之對於外界的原始尋求

我時，我便不見了。」

人生：「但是這人的世界之路，仍然是這樣的荒涼，莫有人煙。如果我只能聽見你的聲音，而不能見你慈祥的面容，我如何能忍受這舉目無親的旅行？」

時間：「我不是眞如你所見那樣慈祥。我不息的建設世界，讓事物自己生產，我亦不息的毀滅世界，讓事物自己毀滅。我以拆毀來建設。這在你母親同我妻子看，我並不曾拆毀任何事，因爲我建設總比拆毀更多。但是在世界的事物來看，便常把我視着最殘忍不容情的。你一朝也會有同樣的感覺。你知道剛才的路之崩裂，就是我自己作的工作嗎？你不要以爲同我一道而常看見我，會使你少些人生道上的荒涼之感，我一方面正是人生荒涼之感的製造者。這些話你以後會相信。」

人生：「但是我總不願看不見你。」

時間：「你以後會見我。但你初走入人的世界時，你探尋的目光，是要注視事物，不能停止在我身上。而且現在我要離開你，我的三個兒子，將來代我引導你前進。他們名爲「過去」、「現在」、「未來」。他們可以完全代表我自己，只是莫有我

時間是整一的生命衝動

過去未來現在是截斷的時間劃分的時間

那樣的魄力，一往直前的生命衝勁。他們之間的意見又不能全一致。但惟因他們意見之不一致，反可以引導你去看人的世界之各方面。他們快要來了，他們都是小孩子，你可以看見他們，同他們攜手一道前進。」他說完話時，三個小孩子來了。人生聽見老人依次喚三人名字，三人依次答應。他問他們，知道未來最大方十歲，現在九歲，過去八歲。老人又呼喚人生道：「你要知道，你同我走這一截路，已過了四年，你是九歲了。你與現在同年，但是你比現在稍大而小於未來，你排列第二，我話說完，你們走你們的路吧。」

遷化的情調過現未演變的情調之初感

現實是人類最初肯定眞實的

時間老人的脚步聲音在後面慢慢消失聽不見了。只人生同「過去」、「現在」、「未來」三個小孩子，在一直似乎伸展到天邊的一條極寬闊的路上走。人生試看看他三個同伴，他看出他們身體都很結實，明是這荒野的路上跑慣了的小孩子。他看未來最活潑，穿着紅白的衣裳，他永不會喪失他的笑容。過去是很沉默的，在沉默中表現一種精神的充實，他的衣服是暗綠色。現在是一個易感的孩子，他似乎很活潑，又似乎很沉默，他的衣服是灰白色。他同他們三人一路走，他要他們把道旁風景指給他看。但是只有「現在」所指的，他才清楚的了解。未來和過去所指的，他便不清楚了解了，但是他也不便深問。

他們一道走，不知走了多少路程。人生漸漸疲倦，但尚不知息店在何處。過去未來現在三小孩亦似乎看出他之倦意，便說：「人生，你疲倦，讓我們三人來作一種遊戲，把你背起走吧。」人生覺他們的誠意，亦不拒絕。遂讓「過去」作馬後身，「未來」作馬頭，「現在」作馬鞍，人生便騎在「現在」馬背上。

三　幸福之宮的羈留

肯定現實保存過去而想望未來——

但是人生一騎在他們所作的馬上，他忽然清楚的了解了「過去」與「未來」所指給他的風景。他從「過去」所指的風景看去，看出一牌坊上有四個大字「記憶之坊」。視線透過記憶之坊，一直看到底，便看見一小孩同一個老人從山穴動身，一步一步走的情景。他知道那老人卽時間，那小孩子卽他自己。他看見他所經歷

遷化中內心要求恆常的祈嚮，人類爲思前想後的動物

人類最初希望的是幸福之絕對性

生命之未來爲享受所殺掉，生命之現在爲享受所悶死，生命之過去爲享受所癡迷

過的一切。他又順着「未來」所指給他的風景的方向去看，看出一座宮殿，門上書着「希望之門」四個字。門內中堂似有一道匾，名曰「幸福無疆」。他看着那宮殿已不甚遠，他極望能走到那金碧輝煌的宮中休息一夜。於是他就問「未來」：「我們可以到那宮殿中休息嗎？」「未來」說：「我們不能在那裏休息。我父親帶我們走時，總是從那房外之小路走。在這宮殿之兩頭都有一店，名曰「工作之店」，我們總是在工作之店中休息。我們有時想到那宮中去試看一次，父親總說我們一定要先在工作店中休息一夜才能去。但到了第二天，他還是不許我們去。他說我們今天還有事要做。他又說裏面並不曾住有人，只許多妖怪，爲首名爲享受。他們專以人的靈魂爲食糧。如果我去，首先便被牠們用麻醉藥毒住，牠們把我的眼睛閉着，一刀便殺了。現在弟弟去，牠們可以待他很好，但是他將被幽囚，一點也不自由，以致悶死。過去弟弟去，他便會成一白痴，連自己名字都忘了。縱然我父親的法力無邊，把他救出來，但是他出來時一無所得，只增了唯一之情緒名爲「幻滅」。所以我們決不能到那宮殿中歇息。我想父親的話是對的，我們還是在工作之店中休息的好」。話說到此，他們已走到工作之店門前。他雖不眞相信他們的話，因他到底未曾見過此中妖怪。但拗不過他們，只好隨入。入工作店一看，只有一間屋，四張床。此外什麼都莫有。他們都已疲倦，上床便睡。然人生儘管疲倦，在工作之店的床上，却使他更疲倦。疲倦過甚，翻來覆去，益睡不着。他起來一看，那三張床都是空的。不知他們到那裏去了。一種寂寞迫脅着他的心。他不知何處尋找他們。他於是摸出門，望見前面宮殿「希望之門」中燈火通明。他不覺便直向那宮殿走去，因他的好奇心總想去看一看。漸漸希望之門四字，同原所見之匾亦不見了，換爲幸福之門四字。他走到宮殿石階前，剛剛登一級。忽然發現在階梯與原來之路間，裂出一道深谷。谷壁由燈光又反映出四字「絕望之谷」。他看看絕望之谷愈裂愈大，谷之陰暗使他覺深不可測。忽然一種恐怖，又降臨於他，但是他已經過此谷，他只得向上拾級而登。他覺梯級愈登愈陡，他的足屢次滑下，幾乎落到絕望之谷。但是他終於用盡了他的努力，到了幸福之宮殿的門前。便見前立着一排小孩子，一齊用極溫和的聲音說道；「歡迎勝利的客人！」便來向他行禮。人生道：「我只是想到這門前看一看，無故不敢當你們的歡迎。」

他們說：「我們的規律，凡是到了我們門前的，我們都一律要歡迎招待的。這用不着其他的理由來說，只要來的人能忍受攀登的困苦，而終於勝利，便值得我們歡迎招待。到了我們這裏來的人，是不能回去的。回去便將落到絕望之谷，爲苦痛之蛇所食。」

人生：「這裏還有莫有其他的路，可以下去？因爲尚有幾個小朋友等我。」

小孩甲：「這裏別無其他的路可以下去，除非自屋頂飛出。」

人生：「但我如何能從屋頂飛出？」

小孩乙：「你只要在此住一住，你也就不會想從屋頂飛出。到這裏來的人莫有想走的，除非……」

人生：「除非什麼？」

小孩丙：「除非有魔鬼來把他奪了去。」

人生：「這裏有魔鬼嗎？」

小孩丁：「這裏莫有魔鬼。但是魔鬼時時走這裏過，他常要把不願意走的人奪了去。」

人生：「奪了去做什麼？魔鬼又是誰？」

小孩戊：「奪去作什麼，這我們不知道。聽說魔鬼名時間。他表面上似乎是極慈祥的白髮蒼蒼老人，然而實際上是魔鬼。」

人生聽到此，心中滿懷疑竇。但他不知如何解決。他只得問他們叫什麼名字。他聽着一串天眞的清脆的回答：「我名忘憂」、「我名莫愁」、「我名怡怡」、「我名愉愉」、「我名天欣」。忽然一個中年男子，帶着滿面笑容來了，說道：「人生，我知道你來了。你是同時間老人及其三個兒子一路來的，是不是？這些我都知道。但你要知道他實在是魔鬼，不是人。」

人生：「但是他們也說你們這裏莫有人。」

中年人道：「你看，他的話豈不是明顯造謠？你看我們這裏不是已有六人嗎？我們宮裏還有其他的人呢。他的話靠不住，他確是魔鬼。你想他能隱身，又使道路崩裂，他說他能拆毀世界，建設世界，他不是魔鬼是什麼？你不要相信他是你母親的忠僕，他是殺死你母親，而奪去她全部財產的劊子手。你不要相信他。你知道他叫他兒子把你送到工作店中來歇宿是什麼意思嗎？他們本意是要你在工作牀上睡熟時，把門關上，將你困死。你起來時不見他們，因他們去叫他們的父親，來共同抵住門，好把你困死。你未睡熟，一跑到我們這裏來，這是你的幸運。你合當到我們之宮殿中住。」

人生想這中年男子的話，不一定都對。因爲他對時間老人同他三個兒子，仍有愛敬在心。但是未來說此處有妖怪，明明錯了。他親見着六個人，此外說還有其他的人呢。他覺得至少這六個人，都是對他非常親密。他在寂寞荒涼的路上，走得這樣久，這一種人間的溫情，他是從來不曾享受過的。他就姑且承認他們的話不錯吧。於是他說道：

「我很感謝你們這樣慇懃的接待，但是請問先生的大名！」

男子答道：「我的名，就是『名』，」此時又走出一男二女，「名」替他介紹：「這是我的妻子『愛情』，我哥哥『權』，嫂嫂『富』。這五個孩子，三個大的，是我哥哥的，小的是我的。我們尙有父親名『享受』。他決非妖怪，但他住在樓上，他不會客，所以別人覺得他很奇怪。奇怪誤傳，遂成妖怪。其實他之不會客，只是好淸靜吧了。我們尙有幾個僕人，名『聲音』、『顏色』、『壽命』、『健康』。此外，到我們這裏的客人很多。在很遠的另一世界，名爲文化價值世界，其中的人也常有逃到我們這裏來。他們在家時怎樣，我不知道，但是他們到我們這裏來，總是對我們頌揚，爲我們服役，或代爲我們呼喚僕人——總之據我們自己想，我們這裏，要算這荒涼的人間世界中，一切來往的過客唯一休息之所。過去曾有無數的人在此住，他們無不非常滿意。唯一可恨的就是時間之魔鬼，他總要想法來把人抓了去。所以我們前一晌預備一三層地下室，並且有一客人，願意常川住在地下室中。他說有了它，時間魔鬼便再不會把其中住的人奪去。這客人名『幸福主義哲學』。」話猶未已，忽然一陣風起。「權」道：「這是毀滅之風，時間魔鬼來了。」「富」馬上把門關上，「愛情」拖住人生道：「你趕快到地下室最下層去，我們都要來看你。」人生馬上順着「愛情」所指的方向，向門內之樓梯下走，一直走到最下之室中，便見又一白髮蒼蒼的老人住在首座。人生問他，知道他卽是幸福主義哲學。那老人道：

「人生，你不要怕，我能保護你」。人生坐下，陸續見權名忘憂莫愁等九人都來了。權道：

「時間魔鬼，這次來勢特別兇猛，他大概已知道我們新築有地下室，並請有保護的客人。但是我已叫我們的僕人，在門前死守，他縱然要打進來，必須在他們殉節之後。」

人生道：「你要他們都爲我一人而殉節，不是太令我難受嗎？」

「愛情」道：「不，我們這裏的一切人，都有爲保護客人而死的義務。我們九人亦是。但是我們不會眞死的。時間魔鬼來，至多只能把我們的軀殼弄死，即我們在你之前的影子弄死，我們自己不會死的。只要時間一去，我們又把我們的宮殿建築起來，我們又復活了。我們是永遠要接待人，來表示我們對人類的忠誠的，我們所憂的，只是如何使來的人常住在此。但是我們接待了無數的人，我們不能眞留下一個，這才使我們痛心。好在現在有幸福主義哲學先生，來看守此地下室，我想你可以永留在這裏吧！」

「愛情」說完話時，忽然嘩喇一聲門開了。「權」大聲道：「完了，我們快擁起人生逃走吧」。但他們尙未行動，時間老人已到三層地下室來了。時間老人道：

「你們爲什麼幽囚我的小主人？」

「名」道：「這是他自己來的，他是自願與我們一起的。」

時間道：「這是你們用金字招牌誘惑他，人生的本心是不願意的。」

幸福老人道：「你試問人生自己！」

人生站在幸福老人旁邊，看他與時間老人都同樣是蒼蒼白髮的老人，又一樣的莊嚴慈祥。他想他們都不會是魔鬼或妖怪，他們中間也許有誤會；他想他們都是好人，這使他不知如何答復才好。但他最後終對時間老人說道：

「我來是受金字招牌誘惑。但是我來了，覺得這裏有這樣多人間的溫情。我想着同你老及三位世兄，走那段悠長荒涼的旅程，眞使我不願同你再走。我覺得這裏的居室，如此精美，時間老人，我看你也留在此吧。你把三位世兄帶來，我想此地良善的主人，都會歡迎你的。」

「權」道：「時間老人，只要你願意來，我們仍歡迎你。我們可以忘却過去一切的仇恨，我們對人永遠是寬大的。我們從前說你是魔鬼，只因爲你總同我們對敵。你只要同我們和好，我們願奉你爲上賓。你在此仍可不息的作你的工作。我們這裏的宮殿，也須更擴大，如果你常住在此，你可以幫助我們擴大宮殿。」

幸福老人亦向時間道：「老朋友，我看你永遠這樣風塵僕僕，亦太苦了。而且你年青的妻子，亦望你休息。我看你週遊世界，你不會在任何處遇見這樣好的居室，你把你的妻子也接來吧。」

時間老人：「我不能住在此。因爲我要忠於我的職務，我不能只在此宮殿內部工作。」

幸福老人：「你如果不能住在此，你也不必把人生這孩子帶走，使他同你一樣過淒涼寂寞的生活。你不要只爲使你多一個伴侶，你要可憐這十歲左右的小孩。你想他如何能永遠同你跋涉長途？我現在來保護他，我並無其他企圖。我只是可憐他，要使他這莫有父母的孤兒，在人的世界上多過些舒服日子。」

時間老人：「但是正因我愛他，所以不讓他長住在此。他母親的意思也是要他到世界來吃些苦，鍛鍊他自己。舒服的日子，待他重回到他母親的懷裏，他原始的家庭一度以後，他自有過的。」

幸福老人：「但是要看人生願不願意？」

人生剛說「我……，」幸福老人一手把他捉住。人生似觸了電，馬上說「不願意走」四字。時間老人來拖人生另一隻手，但無論如何拖不動。權名等哈哈大笑道：「時間老人，你的力量雖大，但是當人生同幸福主義哲學握手時。你便把他拖不起來了。」

時間道：「你們不要高興，我的小孩們馬上趕到了。當我在此時，他們是不怕進來的。我們合作便有無比的力量，是你們從前不知道的。過去來了，他馬上把你們這宮殿化爲灰燼。未來會把你這宮殿移到天邊，現在單純的把此地恢復原來的狀況」。時間老人的話說完，人生看見「未來」、「現在」、「過去」三小孩一齊都到。人生忽見宮殿陡然崩裂，又似乎向前面朦朧的烟霧中飛逝。他發現他自己，依然只同三小孩，在一條似伸展到天邊的廣闊的路上行着。時間老人亦不見了。他記起在幸福之宮中一段溫暖的生活，同剛才一段熱烈的論辯，都宛如夢境。他想着三層地下室中的佈置之華麗，同這地面上闃無人烟的荒涼相較，他不覺便入夢境之中，又回到他剛才的生活經驗中去了。他忽然睜眼，見「未來」正在拍他說：「你爲什麼在路上睡眠起來了？」他一定神看，「過去」小孩已不見了。他很怨怒「未來」，何以驚回他的好夢。他將「未來」一推，「未來」亦無影無蹤。他遂問「現在」：「他們到那裏去？」「現在」說，父親才來叫他們去了。

現在只有「現在」與人生，在這直伸展到天邊的廣闊路上行了。人生問「現在」：「你不會離開我嗎？」「現在」答：「我不會離開你。只要你望着我看的景色看。如果你念及其他，父親便又叫我去了。」人生知道孤獨之苦甚於一切，他只得順着「現在」所看的風景看。然而一切景色是何等的慘淡呀！忽聽得「現在」道：「你覺景色慘淡，你已不安於此景色。你的第二念，又要作過去的夢了。雖然你的夢作不成，因爲

原始的幸福之不可復返

「過去」已過去了。但是你不能聽我的話，父親已在呼喚我去了。」「現在」說完，便不見了。

四　虛無世界之沉入

人生又成了寂寞的人。路仍然似伸展到天邊，仍然是這樣的廣闊，景色仍然是這樣慘淡荒涼。時間老人同他三孩子，又把他拋棄了。他想着時間老人把他帶上這樣悠長的路，使他見着幸福之宮而走進去，又把幸福之宮化爲烏有。時間是最殘忍不容情，時間自己說他自己的話，人生親切的觸到了。他也許是好人，也許他眞是爲忠我母親的命令，而使我受苦，但是他到底是殘忍不容情的。他對於時間漸漸怨恨起來。

對於遷流的生命過程之厭惡，對於時間象徵的生命衝動本身之懷疑

他對於時間的怨恨心一起，忽然眼前的大地通通不見了。人生似乎在一無邊的虛空中一直往下落，他不知道他落到什麼地，他也不知向何方下落，因爲他一無所見，無據以測定方位者。他只感覺到一種下墜之力在引他。他似乎經過一些字牌，上面書着十歲、十二歲、十四歲、十六歲、十八歲，他奇怪他究竟要下墜到那裏去。忽然似見在前一雙大眼，但很清秀，一張口，齒白脣紅，也很可愛。只不見他的身與頭在那裏。那口忽然說出話來：「人生，我的名字叫「智慧」。我是專爲沈入這虛無世界的人引路的。這世界名「虛無世界」，凡是經過幸福之宮殿的人，都要一天一天的沉入這世界。但是只要到此世界而遇着我，我便可以把他引至人的世界之大道上去，你有什麼問題都可以問我。」

智慧於徹底的懷疑之後來臨

人生：「我首先奇怪，你在這虛無的世界中，以什麼爲食物，你如何莫有身體與腦髓，只有眼與口。」

智慧：「眞正的智慧，是不要腦髓的，只要眼。我的口，是爲答人的疑問，不是爲飲食。我不需要其他食物。我以眼來食，以眼來看。來到這裏的人的心理，都是我的食物。」

人生：「那你便會食我的心理了。」

智慧：「你不要怕，我莫有容納食物的胃。我把你食下，你又從後面漏出來了。所以我雖食你，你並不覺我在食你。」

人生：「那嗎，我問你，時間老人是不是魔鬼？幸福之宮的人是不是妖怪？」

智慧：「在你的世界中莫有人，一切都是魔鬼，一切都是妖怪，你自己也是。因爲你與魔鬼同行，與妖怪同住過。」

人生：「我想我是人。」

智慧：「那是可以的，那麼他們也是人。」

人生：「究竟他們誰是眞正的好人？」

智慧：「他們都不壞。」

人生：「那嗎，時間老人何以定要把我從幸福之宮拖出來，使我受長途跋涉之苦？我想時間是殘忍無情的。」

智慧：「幸福之宮的人，本身都不壞。但是你在其中住下，却是會毒害你的，所以時間要把你拖出來。他使你受苦，是爲的愛你。他對你說的話，是不錯的。」

人生：「那嗎，幸福之宮的人是有心毒害我，是壞人了。」

智慧：「他們也不是。他們都是愛你。但是他們不知他們之如是愛你，適足害你。時間同幸福之宮的人都是愛人的，只是他們愛他人的方式不同，便使他們彼此相恨。人與人間的恨，常是自愛之方式不同出發的。」

人生：「我不了解幸福之宮的人，如何會由愛我而反害我？」

智慧：「你知道幸福之宮，是如何建築起來的？那是失敗之骨骼建立起來的啊。你記得起你登幸福之宮，幾乎落到絕望之谷中，你知絕望之谷中，有無數失敗者之骨骼嗎？你知道「幸福之宮」的一層一層的階梯樓殿，都是他們的工程師拿失敗者骨骼堆起來的；金碧輝煌的顏色，都是失敗者之血塗成的嗎？這些事情他們不知道；因他們只享受宮中之安樂。他們也不問工程師如何做的。所以如果你在裏面久住，你的同情心便會自然麻木。而且自他們把三層地下室建築成以後，他們尚不知把地下掘這樣深後，將通到什麼地方。我告訴你，在地下室底層牆外，都有一地道，通到另一世界，名「罪惡之世界」。

善惡觀念之初現

你只要靠着牆，牆便倒。牆一倒便到罪惡之世界。這罪惡之世界存在其旁，也是他們所不知道的。這罪惡之世界中，全是毒蛇猛獸，其兇惡可怕，是你現在所不能想像的。好在時間把你救出來，不然你也許不當心一靠牆，牆倒下，你已到罪惡世界，被毒蛇猛獸把你吞噬。你想着罪惡世界中毒蛇猛獸之可怕，你便會慶幸你之跋涉這樣之淒凉寂寞的長途，不算什麼苦痛了。」

人生：「你的話把我疑團全解釋。時間老人眞是我的恩人，我不該怨他，我眞失悔，不該在他把我救出之後還在路上作夢，想着幸福之宮中的生活，以致他三個小孩子，也離我而去了。」

人生說到此，**一個念頭轉上心來，**又說道：「……但是你說罪惡之世界有極兇惡的毒蛇猛獸，那種毒蛇猛獸究竟如何，我尙未見過。我現在想，如果我眞由那地下室經過，到罪惡之世界一看，再讓時間老人把我救出，那不是更多一番經驗嗎？」

好奇—人類犯罪之最深的動機

智慧：「你眞入罪惡之世界，時間老人本身，又把你救不出來了。」

人生：「不過我未到罪惡之世界看過，總是經驗上之一缺憾。」智慧：「你眞要想到罪惡之世界嗎？犯罪也可增加智慧，那就讓你去吧。罪惡之世界就在眼前。」

五　罪惡之嘗試

智慧說完，一對眼睛與口都不見了。他仍一個人在無邊的虛空中下墜，他覺着寂寞隨他的下墜而加重。忽然見前面有一好像才十七八歲的女郎，伴着一侍女大約十一二歲。那女郎是沉靜美麗而溫和。他問她是誰？她道：「我嗎，我名叫「空間」。侍女名「惰性」，他是侍奉我的。」

他久聞空間之名却未見過，今忽得見，他帶着驚喜問道：「你不是時間的妻子嗎？時間到那裏去了」？空間道：「我正是時間的妻子……時間在你沉入虛空時，到你母親那裏迎接超人去了。你母親將生育一超人，你知道嗎？」

人生想，如果他母親眞正將生育一超人來作他的小弟弟，到是有趣的。但是，他忽想着時間同他三小孩，把他抛棄的情形。他想着時間雖救了他，卻抛他在淒涼寂寞的長途中，任他沉入虛空，他總非眞愛他。原來他是到不可見的世界中去接超人。他想着時間之喜新厭故，他怨恨時間的心又起了。這次怨恨成了眞的怨恨。由怨恨時間而覺得對未來之超人，也有一種嫉妬。他想到此，智慧的眼口又出現了。他向人生道「你以未入罪惡之世界爲憾，你看面前不是怨恨與妬嫉，兩條罪惡世界的毒蛇嗎？你不要嫉妬超人之出現，怨恨時間之離開你，只要你自己努力爲超人，你母親將不另生育超人，時間當永遠忠於你」，智慧說完又不見了。

人生又失悔了。但他又驚訝何以虛空中，會來怨恨與嫉妬兩條毒蛇。忽然怨恨之蛇發出聲音道：

「你個人失悔是不行的。你把我引出來，我是不能輕易回我的世界的。你要我回去，我只能經過報復的橋，而與你一路回去。人生，你要對時間報復，你要去誘惑他的妻子，讓我的同伴嫉妬之蛇去纏繞他，這就是你的報復。」

拖轉宇宙生命創進趨向的野心

怨恨之蛇說完話，人生又墮入白日的夢，見着他與空間女郎之間，果有一道橋。兩條蛇不見了。他覺得空間女郎是可愛的。他似乎忽見橋上，幻出他過去在幸福之宮中，由愛情引他到地下室一段經過。但他走到最下層，果碰着牆，牆一倒，罪惡世界之路牌顯出。他一直走過去，但那裡有什麼毒蛇猛獸？明明是一極清幽，充滿花香與月光的花園，他看見空間正倚在池邊石棹畔，惰性依着她。空間說：「我等待你很久了。我早知道你要來，我很想離開時間，那老而不死的東西。他同我的性格本相反，我們已衝突無量次。但是只因爲我除他外，不曾見另外的男子，我只得忍耐。但是我現在看見第二個男子了，我們把今夕作爲定情之夜吧。惰性，你去把人生先生的手拖來，我們握手吧。」

人生此時已忘了時間是如何的莊嚴慈祥，同他有個什麼關係。

這時時間成他怨恨的對象，他須要報復他。但他忽然想到時間的威力。他說道：「空間，你的好意，我很感激，我願完全接受。時間對我，也太殘酷了。但是時間的威力是很大的，他會破壞我們的關係，使我們不能長久相好。」

空間道：「時間可以毀壞一切，但他不能毀壞我。他依賴我而生存，他不能離開我。他離開我，便莫有人替他散佈他工作的足跡，也莫有人替他保存建設的事物。他離開我，便什麼工作也不能作，只有回到不可見的世界去。他現已回到不可見的世界與三小孩一齊去了——這三小孩無一個像我，我都不愛他們——我們結合之後，他便不會再下來，於是這世界便是我們的了。因爲世界原由我保存啊。至於此外的敵人，我的小使女名惰性，你不要以爲她小，任何敵人的武器，遇了她便全不能發揮作用。小使女爲我們看門，我們便可以永遠享受這樣幸福的生活了」。人生到此，他覺到罪惡之世界，何嘗是罪惡之世界，原是幸福之宮下之幸

> **一切罪惡之原，人之惰性與空間之攝聚性相結合——原始貪欲。已見智慧知道善惡之辯後而貪求幸福才成眞正的罪惡。**

福之幸福。他想到此，智慧之眼與口，又忽然出現。智慧說：「你還說不是罪惡世界，你仔細看看。」

人生一細看，那裡有什麼花園，原來一望全是蒺藜織的鐵樹網，上面每一枝都盤成「自欺之網」四個字。他自身在一池旁邊，池水之漣漪動蕩成「淫亂之池」四字。池旁石棹邊挂一石牌書「忘恩背信」之石桌。石桌周圍，全是張牙舞爪之獸，向着他。他們之毛織成紋，他知道牠們是佔有之獸，貪欲之獸，奪取之獸，癡迷之獸，瞋恨之獸。他忽然駭出聲來，但是智慧的口突然發出大笑聲道：「你何必怕，只爲你以不曾到罪惡之世界爲憾，所以使你到罪惡之世界走一遭。其實這些都是你自己作的白日的夢，你看空間與惰性，不是還在那邊很端莊貞靜的立着嗎？」

人生再定睛一看，果然見空間與惰性很端莊貞靜的立着。人生想着剛才的夢，覺得非常慚愧，而尤其悔恨的，是在夢中竟把這樣嫻靜的女子，變成誘惑他的主動者。他無異把自己犯罪的責任加到對方身上，他誣枉了她，這是他更大的罪惡。他真不知要用何方法，去湔洗他自己的罪惡。他不能向她解釋說，他把她誣枉，因爲她本不知他曾誣枉她。但是他不能原諒他自已。因爲夢是他自已作的。他深責自己，如何會作這樣不正當的夢。他只有想這是夢，到底不是他的行爲，使他暫時得一種自慰。他突然想起空間剛才的話說，時間去迎接他弟弟超人去了。他重問：「時間眞到我母親那裏，迎接超人弟弟去了嗎？」

空間同智慧一齊笑起來。空間道：「這是智慧叫我欺哄你，試驗你是妬嫉超人，還是自己想當超人，並試驗你其他道德能力的」。智慧賡續說道：「我現知道你之道德能力不很大，但是你能慚愧悔恨你的過去，你是有上升爲超人之可能的。其實時間並不曾去接超人，因爲根本莫有超人。超人只是人繼續向上超越他已成的自己。時間自見你怨恨他，而沉入無盡的虛空以後，他就去爲你預備一船，名爲「理想之舟」。你坐在上，你便能繼續的超越你自己。他立刻要回來了。」空間又賡說道：「因爲我在這裏，時間便不能一直前去不回來，他時要來會我。他一來，我叫惰性拖他來與我握手，我的手便會轉他運動的方向，而使之成爲螺旋式循環式的運動。你看，他已來了。」

人生看時間老人果然來了。他仍然白髮蒼蒼，帶着莊嚴慈祥的面容，旋卽與空間握手。當他們握手的當兒，時間果然應了他從前對人生所說，變爲一翩翩的美少年了。人生見了非常驚訝。時間道：「理想之舟已預備好，人生你坐上吧。」

六　價值世界的夢遊

人生道：「此地莫有河流，此舟如何駛行？」時間道：「我此次同空間握手，又當你同智慧在此，我與我妻子及其侍女，便會化爲一河流名爲「實現理想之河」。我是河水之前端，我妻子是河水之腹，惰性是河水之尾拖住河身，免得河道會捲轉來。我們一切財產，全部世界之事物，都成爲河中之水波，順河道下流。你坐在船上，智慧便是舟子」。時間話說完，一道河流，果然出現。他已坐在船中，智慧當梢公。他覺這河愈向後面看，愈覺其寬廣，只見浩浩蕩蕩的水洶湧而來。然自前端看，則只見渺茫一片，不知是水或虛空。他的船又好像在一平靜的湖面上流，流過後則拖成一角錐形。但角錐以外便不見河。他見角錐之尖端是左右擺動，他知道船本身的方向不是直進而是循環螺旋的進。他問智慧：「何以船如此進前進？」智慧道：「因爲河腹中的水波之湧進方向不一，而舟之方向，不能不順從載運他的水流之方向，所以他必須擺動。這就表示人生的理想，以人生在不同環境中，常常有動搖，而實現理想的努力有一時的懈弛之故。但是就全部來看，時間之河端，總是領導着時間之河腹前進，理想之舟，總是隨着實現理想之河流向下流的。」

人生：「實現理想之河，究竟流到那裡才停止？理想之舟將停泊在何處？而且在這廣漠的虛空中，已無地球之存在，因爲地球及一切星球，都只是空間的河腹中之波。那嗎，地球或天體的吸引力已不存在，這實現理想之河水，是誰的引他流呢？」

智慧答：「在渺茫的天際，有一世界名「文化價值世界」。文化價值世界，是現實宇宙的重心。我們的河流便往那裏流，那世界之土是吸引我們的河水向那裏流的。我們的河水流到那裏，便浸潤在那土地裏面。那土地本身名「心靈之材能」。我們的河水浸潤其中，成爲那處的池沼溝渠之水，便是使那世界中的植物生長開花的。開成的花樹，名爲各種文化之花樹。文化的花樹之種植者，是那世界中的人，名「價值」者。名價值的人很多，他們羣聚而居。主要的有三羣：眞羣、美羣、善羣。眞羣、美羣各有港灣，我們的船，便停泊在那港灣裏。」

價值觀念對於文化的根本性主宰性

人生問：「我們今晚停泊在那一灣？」

智慧：「他們的港灣，在一圓弧之岸邊。我們今晚無論停在那一灣均可。但是在我的意思，我們最好泊在較近的眞羣之灣。」他們一面說，看看就到了眞灣。一岸長滿垂楊，千條柳絲，都低垂到水邊，微風吹過，蕩漾成怪可愛的花紋。智慧道：「現在已是落日銜山的時候，我們不能上岸游玩。我們今夜，便把船靠在柳陰深處，待得明朝，我們再去拜訪岸上的人。」人生亦莫有什麼異議，他們便把船在柳岸邊靠下了。漸漸斜日西沉，一彎新月，從柳枝中映現。美景使人生忘却過去的一切，他感到大自然之無盡的淵深，他的心將沉醉到大自然中去了。但是他的心，不能眞沉醉到淵深的自然中去，因他心中懷着更淵深的疑問：究竟這價值世界中的情形是怎樣？其中的人是如何的生活？但此時夜亦同樣的深，他也不能上岸去，他只好拿這問題問智慧。

智慧道：「我也可以告訴你一些。在這價值世界中主要的三羣人中，眞美羣全是年青的女子，就說她們女小孩子吧。從我們這岸上去，是眞羣之地，上了岸約莫十里多路，都是一望的草原。過了草原，便是一帶以古怪的方式，錯綜糾纏的松林。從松林進去，却是一大池，有數十里之大。池中滿長着荷花。眞羣的女孩

眞美都是被體驗的對象女性

子，便分別的住在荷池之中，用荷幹結成的亭臺。那些亭臺，不知是「何名」，莫有人知道，這是一永遠的問題。她們的工作，主要的是培植荷花。荷花開了，蓮葉大了，無數的荷葉便互相連接涵蓋起來，如席子一般。猶如各種知識之相涵接。她們身體輕盈，便常在蓮葉之上休息睡眠。她們有時翻到荷池中去游泳，采起荷花之根，在泥土中的藕，把藕絲織成衣服。但她們不吃藕，只吃蓮子。「蓮子才是眞理之結晶而孕育新眞理的，藕只是心靈之土中的思想之本質。」

人生問道：「她們何以不吃藕呢？」智慧：「她們不吃藕，他們只把藕切成薄片，用藕絲織成的絲線，穿過藕片之孔繫着，用蓮葉作成的蓮袋裝着。這是她們通常用以送給她們的情人之禮物。」

眞理以其心靈之根贈與美

人生驚訝：「她們也有情人嗎？」

智慧道：「她們大都有。」人生問：「她們的情人是誰呢？」智慧道：「她們的情人便是美羣中的人。」人生更驚詫道：「你不是說美羣的人也都是女子嗎？」智慧道：「你不能用現世界的眼光，去看價值世界中人的愛情，我告訴你眞羣的人與美羣的人的愛情方

眞美之交融性

式，是非常特別的。她們都是女子，貞羣的人裝扮成男子來談愛情，你知道嗎？」人生道：「這有什麼趣味呢？」

智慧道：「這就是你所不了解的了，但是你一朝會知道。」人生也不便再問，遂逆轉而問道：「但是美羣的人所居之地的風景又怎樣呢？那裏距貞羣所居之地有多遠呢？」智慧道：「美羣所居之地，在我們這裏直望去東面的煙霧迷漫之處。美羣的港灣上去，便是一片沙灘，從沙灘過去望見一帶蘆花，便是連綿不斷的小山阜。在山阜之上滿是桃林，遠望雲蒸霞蔚，渾成一片。桃林中疏疏朗朗的築着蘆草蓋的茅舍。美羣中的人住在那些小茅舍之中，她們除了培育桃樹吃桃子之外，她們天生性較貞羣之人更好動，喜作遊戲。常在桃林中，逃來逃去捉迷藏，任撲面落英飛舞，積地軟紅盈尺。她們生性好動，在她們所居之小山阜之後，便漸漸到了一大山。重巒疊嶂，許多懸崖峭壁，好不高峻。但是這些女孩子常去攀登，比賽爬山的能力。此外上山近麓處，有一條向西平迤的大路，她們每當黃昏時節，或孤獨的一人，或相邀遊侶，從那大路過去。原來我們這河邊看美羣之地，似乎距貞羣之地很遠，但是在陸地上則兩地的裏面，是可以相通的。所以，從我

美羣的女孩攀登後面的大山，美必求合於善。

們所說之此大路通過去，便到一蜿蜒的溪壑。溪壑上有數十道橋，橋之兩邊，這岸是夾竹桃，那岸是柳，即眞羣之土地的領域。你從此便可想像眞美兩地毗連的情形。她們靠同一的大山，以一大山爲背景。她們的二地如一大山參差的伸到水邊的兩隻足。每當黃昏時節，美羣的女孩子，便常經過山上，一路直到溪壑之岸邊去。原來這時，也便是眞羣的女孩子一天工作完結後，通過大池之彼岸，到後面山上去玩的時節。所以她們常常裝扮成情人，在谿壑之橋上幽會。一對情侶，獨佔一橋，楊柳與夾竹桃，把她們彼此互相隔絕，使她們自成一小天地。她們互相表示欽慕，我說你是最和諧的眞理，並即最美的眞理。你說我是最眞實的美。

偏執的眞美之絕對性

暫時她們各以其情人爲至高無上，於是她們暫時，也自以爲其是至高無上的眞或美。她們忘了在同一的地方，也有其他情侶在此幽會，說同樣的話。她們只好暫時以整個的宇宙，都是她們的了。但是我還莫有告訴你後面大山上的情形。你一定要問那大山上是否住有人，那我便可告訴你，那大山上所住的人，便是善羣的人。善羣的人却不是年靑的女子，也不是年靑的男子，而都是七八十歲，白髮飃飃道貌岸然的老頭子。你知這些老頭子從何而來？說也笑人，原來就是這些曾經過戀愛的美羣的女孩子變的。這些女孩子老了，便會變成七八十歲的老頭子。你說好笑嗎？但是你要知道，這正是宇宙之最奧妙的地方。這善羣的老頭子，居於山上的大樹林中，在大樹上築成房舍，有走廊相通。他們莫有事，便是下圍棋，數黑白子。只是下圍棋的生活也悶人。他們已太年老了，莫有年青人好運動的興趣，他們下午只出來遊逛遊逛。他們常在半山之間，遙望見在半山之下的溪壑，他們可

善欣賞相愛的眞美以充實其生活

以看見橋上情侶談情說愛的情形，使他們回憶起，他們的青年時代的心理，而感到青春的再生。他們欣賞她們之愛情，而常不禁發出會心的微笑。這是他們一天下棋把神經疲倦以後，唯一恢復新鮮的生命活力之道。不過他們有時也會高聲狂笑。

偏執的眞美之絕對性，有存在的道理，然善能超越偏執

因爲他們從上至下，明明看見許多橋上許多情侶，同時在那兒談愛情，而愛情中的情侶，竟以爲整個的宇宙只是她們的。他們覺這太可笑了。不過他們想，他們年青時，也如此，他們最後只有對他們自己，大家取笑一陣罷了。自然長出夾竹桃與楊柳，把許多橋彼此隔斷，不相望見，誰能在此橋上談情說愛時，不以整個的宇宙是自己的呢？」

人生聽智慧一段話，不禁聽得入神。但是忽聽智慧道：「夜已更深了，我們大家倚船舷而睡，明天我們再去遊玩吧。」話說完，智慧便躺着船舷睡着了。但人生聽了這一段話，覺得價值世界眞是太有趣了，他總是想去看價值世界中的女孩子與老頭子的生活，他又睡不着了。看看月已當中，他仍不能合眼。漸漸朦朧睡去，忽又醒來。望智慧已不見，這時河水不波，柳葉靜靜的垂着，一切都悄無聲息。他想一定是智慧在如此月白風清之良夜，一人到岸上遊玩去了。於是便獨自上岸，他通過柳陰一直走去。雖然是一廣漠的草原，什麼曲折都莫有，然而他一直前走，覺有無窮意趣，脚步總不能停。漸漸通過一松林，看見一大池中，有許多樓臺。但樓臺中既毫無聲息，也不見燈火。他知道其中的人都睡了，而且池中的荷花荷葉，都靜悄悄的閉着，似乎也都在睡眠。他沿着池岸走，此外亦竟不聞一點聲音，連青蛙入水的聲音都莫有。他忽覺得寂寞的可怕起來，他自己的脚步聲，成寂寞之威脅之象徵。他正想回去，忽然聽見池邊的林外，有數小孩的笑聲，他便離了池邊，從林中斜插過去。原來却是他在幸福之宮裏所見之數小孩：忘憂、莫愁、怡怡、天欣等。他覺得很驚詫，但他一面已與他們招呼，他們都一齊叫一聲「人生先生！」表示非常歡欣鼓舞的樣子。人生打破了他的寂寞之感，也非常高興。人生問：「你們如何到此處來了？」他們道：「自從時間與他三小孩，把我們的宮殿毀壞之後，我們的父母便商量決定遷家，我們便遷到這附近來住了。本來我們可以仍在原處建屋的，因為你知道我們的父母，是永遠有重建我們的房屋之能力的。我們都能死而復生，何況雇工程師重建房屋？我們這次遷居，是我們的老客人幸福主義哲學先生建議的。他說在原處建屋已莫有意義，我們的父母，便商量而順從了他的建議。這詳細的理由，我們不知道。現在我們的家，便在此樹林之外，今日是我們祖父之生日，我們一家團聚吃酒到夜深。現在我們的父母與祖父正在談天，我們見月色很好，便出來玩，你願意到我們家中去坐坐嗎？我們的父母，常常都在談起你，很念你呢？」人生在此時似乎已忘了一切的顧忌，他又經了這樣久的行路寂寞之苦，於是不覺說好，五小孩拍手道：「眞好，我們回去吧，你不認識路，讓我們在前面走。」於是五個小孩便嘻嘻哈哈的向前走，人生跟在後。但是人生走着走着，抬頭望月，見月漸起了暈來。天空中又似生了霧，霧愈積愈厚，看前面的五小孩似乎越走越遠。然而他們的笑聲，又似與原來一樣的近。人生問：「究竟還有多遠呢？」他們道：「便要到了。」但是此時五小孩的身軀竟全隱沒於霧中。他再喊，便莫有回聲。漸漸霧更濃更厚，一切山、一切樹以至連地，似都沉入霧中，人生看他自己的足，才知在霧上面走。抬頭望月，哪裏有月？充塞天地竟全是霧。不過霧似有月光浸潤相當透明而已。人生想道，又糟了，在此霧中，究竟如何走法？又走到何處去呢？他想不該隨從五小孩走，如何在價值世界中還忘不掉幸福的觀念呢？進而失悔，不該一人跑上岸來，他想「我如何不聽智慧的話，待次日與他同上岸？他知道路徑，不就不會迷失了嗎？」他想着他之屢犯過失，不禁痛哭起來。才放聲一哭，他忽然醒了，原來又是南柯一夢。他看見智慧正從船底上來，問他道：「你怎樣了？」人生便把夢境告他。智慧道：「我剛才見月色很好，水波不興，所以我跳下水去游泳沐浴一陣。剛回來便聞你之叫聲，我便上來。你看現在天已魚肚白，太陽馬上要出來了。我們本來可以預備上岸去玩，不過你作這一夢，却作壞了。因爲作夢卽靈魂的出遊，你今夜靈魂出遊眞地。你要知道你在池邊走時，一切何等的寂靜，你的足聲却把一切都驚動了，眞地的女孩子及荷花的睡眠，都被你擾亂了。她們昨夜都不曾安眠，她們今日要補足昨夜的睡眠。所以我們今日上去，將會不見一人。」人生道：「夢不過我的

以欲有所佔獲貪求幸福的觀念去發現價值將陷入霧中。只有無私無求的智慧能領導人發現價值自然到幸福之宮

夢，如何會擾動那上面的人？夢是假的，不會影響實際事物的。」智慧道：「你又錯了，如果夢眞是假的，如何會使實際上的你的身體發出叫聲呢？你要知道夢境同眞境，是莫有分別，因爲你作一夢時，便眞作此一夢了。而且在眞地的港灣畔作的夢，更是絕對的眞的。所以你夢中所見的情形，亦即是實際的情形。眞理之池，大概也就是如你昨夜夢中所見的樣子，所以我們今天可以不必去了。因爲去仍然會不着一人。」人生道：「那我們到美灣去吧。她們今天總不須睡眠，我們可以會會她們。」智慧道：「也不能，因爲在價値世界中，一到夜間，便全體是寂靜的。所以一處的聲響，便傳遍了價値世界之任何處，全價値世界之任何處的聲響，都是互相感通的。所以你擾亂一處人的睡眠，使任何處人的睡眠都擾亂。她們今日都要補睡。你無論到何地，都不能會見一人。」

遊價値世界當在白日與智慧一道；實現價値要是徹底自覺的，才能眞認識價値。

人生聽了這話，非常懊喪，便道：「那我們不須會人，隨便上岸玩玩風景亦好。」智慧道：「你只要了解我以上的話，那亦不必去。我告訴你，我們今天順着此河流流下去，河流便漸狹，此河便可通過眞美兩地的溪壑。這溪壑又一直通到一峽，這峽便是善山脈之二中峯，相交而成。下面是峽，上面兩峯之間，仍有相抱的懸崖。我們的船，從峽中通過去，又有數十里，便是一大江。我們的河水，便流入其中。那大江卽「永恆之江。」此江環繞一國度，那國度名「不死之國。」你的父親母親都在那裏，我們今天趕早開船，我們便可到不死之國見你的父母。我們現在最好離開價值世界，到你父母那裏去。我們將來到價值世界去玩時很多。我們今天不必去了，就是你昨夜幾乎重去玩的愉愉等之家庭，也確實移到這附近來，你以後也有再去玩的時候。」

七　到不死之國的途中

人生聽着從此過去便可到不死之國，見他的父母，一時心花怒放，覺得到價值世界去玩　也不必需了。他想：智慧既爲我證明我夢中所見的卽價值世界之眞境，我已算到過了價值世界，又何必馬上去玩？我現在只要通過此地之溪壑峽口，也算游歷了價值之最主要的地帶。便決心不上岸去了。於是人生與智慧，馬上開船。順着河流過去，通過眞美兩地的溪壑。一路上雖不見一人，但是奇山異水，幽秀廻環，眞是說不盡的悅心研慮。船行了不久，果然到了一峽。忽然聽見一陣歌聲，智慧道：「這是眞美兩地的女孩子，都補足睡眠而起來了，你聽她們的歌聲。」人生回頭一望，遙見已過的溪壑之旁半山之上，果有許多仙女一般的女孩子，在那兒遊戲。一面唱着歌，但是已看不清楚。人生正想側身窮目，盡量一望。

善與善之衝突與貫通

智慧道：「不要望了，我們要過峽了。你要當心，這水因兩峯山勢一逼，水流很急。我們必須順着中心的水經下去，此兩峯之下的峽，是最難過的。船身一偏便滾入矛盾的水勢中，而被水淹沒了。在此處爬起來，最不容易呢！」人生聽了不敢再望，只靜靜坐着，聽隱隱歌聲漸遠。好在莫有什麼危險，船身便順着水經，流過去了。過峽以後，水流似箭，轉瞬便是大江在前橫亘着。智慧道：「到了此河入永恆之江處，我們便要上岸。」說着，便到了河入江之處。人生與智慧，便一齊上岸。眞奇怪，人生智慧一上岸，便見他們所坐的理想之舟亦飛起來，一直向前面白茫茫的大江上空飛過去，變成一鴿子，漸漸愈飛愈遠而隱沒了。人生問：

理想本身亦是一工具

「何以此舟會化爲飛鴿？牠飛到何處去？」智慧道：「我們已到此永恆之江，此理想之舟已用不着。他化爲鴿子，是飛到你父母處報信去了。」同時人生回頭一看，原來的河水也不見。忽見時間與其妻子空間及侍女惰性從後面走來，人生頓然想起此河，原來是時間與空間化身而成的，想着他們化身爲河，送他走這樣遠，覺得非常難過與感激。於是對時間空間恭恭敬敬作一揖道：「眞感謝兩位老人家，你們是太勞碌了。」時間道：「你是我們的小主人。我們服侍你是我們的義務。你們不能單獨過此河，我們須背你們浮過去。」人生想起時間從前說過，他將背他過江，而在此江中死去再復活，於是又問道：「你背我們過去眞要死一次而又能復活嗎？」時間道：「怎麼不能？我不是本身便可化爲河水？江水怎能淹死河水呢？我的妻子空間在此，我死了，她喚我一聲，我馬上會復活的。」人生相信時間的力量，並相信他的話之眞實。於是讓時間把他與智慧一手挾一個，看看江面雖寬，忽兒便浮過去。到了彼岸邊，時間把人生智慧兩人送上岸道：「你們慢慢走吧，我要回那一岸，作我的工作去了。」人生上了岸，側轉身便遙見空間在那邊招手道：「時間過來吧！」人生突然見時間已在那一岸立着了。人生很奇怪時間過去爲何如此之快，便問智慧道：「時間不是說他送我過江要死一次，死而復活，爲何他死與復活如此之快？

> **時間所象徵的生命衝動，通過價值的實現到人生最高境界便不復存在，他只是現實宇宙的動力，他必須回去。**

而且馬上到那一邊去了？」智慧道：「時間送我們時是要慢慢的走，但是他一人走，却可以無以復加之快，以致可以不經過時間。他由死而復活，也可不經過時間。因爲時間卽是他自己。所以他轉瞬便到那岸去。而且你看時間空間，現都不見了，她們已去作他們的工作去了，我們走我們的路吧。」

人生回頭，一開步走便見一摩天石級。他想這路不知又是何等的長呢。他想人生之路太艱難了，過了一層又一層。直到如今入了不死之國，滿想馬上可以見父母，又誰知還要升這樣摩天的石級。這石級看去，又像無窮無盡，眞不知何時可以到呢？但是他剛想要開步走，便似陡然將此無窮無盡的石級都走完一般，到了一宮殿中。他正奇怪，智慧道：「你不用奇怪，時間空間，不都是回去了嗎？在不死之國，一切都是一開始，便完成。便不須如我們在世間上之須經過時間空間了。」人生道：「我父母在此宮殿何處住呢？」智慧道：「此處何嘗有宮殿？你試看看。」人生定睛一看，並無宮殿，只見一草原。人生又問道：「究竟我父母在何處？」智慧道：「你隨我來，過去就到了。」人生馬上順着智慧走，突然現出一草屋。他母親正在門前，用泥耙弄草。他見着他母親，頓憶起他五歲以前關于他母親之一切。他重見母親慈愛的面容，不知不覺跪下去掉了淚來。母親道：「我兒不要悲傷，你快來拜見你父親。」說着、一皓首長髯的老人，便在面前。人生從來不曾見他父親，但是他一見便知道是他父親，因爲他原是他父親的兒子。他父親道：「鴿子來報信，我知道你要來了。我知道你在人生的旅程中，曾吃了許多苦，但是這都是我同你母親共同的意旨。人必須吃苦，才能充實他自己，完成他自己。苦痛猶如磨練手勁的沙包，你必須盡量的同它衝擊，然後你的力量才能增大。我與你母親，都是想培養你成爲下面世界的主人，所以更望你訓練你自己的能力，多吃些苦。你忍不住苦，便不會希望幸福。然而我爲要使你吃苦，便叫時間來破壞你幸福的夢，拆穿幸福的虛幻。世間的幸福，本來是虛幻的東西。但是你不能忍苦而自然的希望幸福，並不算過錯，只是你留戀幸福，而不肯向人生路上前進，以探索更高之價值，便犯了罪惡。然而你之犯罪，由於智慧引你去見了空間同惰性。空間同惰性本身雖不含罪惡，但是你在夢中，使惰性拖你去與空間握手，你便會犯罪。原來下界有了空間惰性之存在，你初次由智慧引去見她們時，總免不了要作那樣的夢。所以罪惡是你不能絕對避免而不犯的。但是智慧引你去犯罪，亦使你了解罪。你了解罪，便能湔洗罪。所以你再不怕一切苦痛，及一切罪惡。世界上莫有可怕的東西。最重要的，只是你要努力向上。你現生竟隨從時間的領路，走回到你家。我同你母親都很高興，我們現在可以進去坐一坐。」人生便隨着父親走進去。但是一時並不見智慧，他想他一定去玩去了。人生入室中，與父母坐下。

父親又道：「你回家來，家中並莫有什麼東西給你。本來你下界的兄姊們、動物植物的靈魂——在此便是你的小弟妹的靈魂——也到此多日，他們是住在後面的森林中。無事我不讓他們出來，因爲我正教育他們，規定他們每日的功課。他們聽見你來了，他們計議，在今夜爲你開一歡迎會，並共同演一劇——名爲天地位萬物育的——來歡迎你。預備把你在下界曾遇見的一切人，都請來作來賓，連罪惡世界中之毒蛇猛獸都請來。因爲牠們到此便都成爲神聖的座客了。但是在我的意思，此時尚非你的兄弟姊妹表示親熱的時候，也不是你們歡樂的時候。所以禁止了他們，而且不許他們出來見你，你的責任在管理下界的世界，你還有更多的工作要做。你仍須到世間去，你在此不能久留，我馬上要叫你回去了。」

人生聽着這話，如霹靂一聲雷。他想着好難得見父親，而才一見，父親卻要他回去，不禁大哭起來。

父親頓時發怒道：「人生，你太懦弱了，眼淚是我給你的人生之寶珠，是不能隨便洒出的。雖然，在此地洒，有人會爲你拾起來，仍還給你，但是你不該隨便洒，你必須回去！……」父親說到此，口氣又婉和了：「你不要憂愁以後再見我是如何的困難。你經了這一次的旅程，你以後見我是容易的。而且此外尚有許多條從世間到此的路，這些路都是非常捷的捷徑，你以後會知道。你將只要一動念，就能來了。你要深切認識，你世間的工作還多，我不能到世間工作，你必需代我工作。你代我工作，亦卽是我工作，因爲我以我的力量貫輸於你。你愛我同你母親，應當體承我與你母親的意志。你必須下去，作你世界的事，走你人生的路，人生多方面路。你要知道，我同你母親雖住在此，我們的目光，總是隨時透到下界來——我的目光當透過時間的眼，你母親的目光常透過空間的眼，來照耀你的生命行程的。」

人生聽了這段話，頓覺他父親的話是不錯的，他認識了他應當盡的責任，只有盡他責任，才足以表示他對父母的孝道。

八　重返人間

他父親見人生已明白了，遂含笑說道：「我知道你重到人間，你仍將遇許多艱難困苦，你獨自不夠克服一切困難，需要人幫助。你原有一未婚妻在此，她同你重到人間。她可以幫你的忙，而且她暗中已幫助過你。現在應當認識你的未婚妻是誰，她以後將更可幫助你。」

人生聽着他有未婚妻，頓覺非常奇怪，不禁問道：

「我如何會有未婚妻？她是誰？何時與我定婚呢？而且我不認識她，如何可與她結爲終身伴侶呢？」

父親道：「你同你的未婚妻，在你未生以前便定婚了。她原是你靈魂的鏡子，你不認識，我叫她出來。你便認識了。」

父親不知如何叫一聲，開簾便見一十六七歲的女孩子，撲嗤的笑一聲走出來。他的父母此時，亦帶着微笑不發一聲，人生見這女孩子好面熟，似又想不起何時會過。突然說出一句「她的眼睛，我似乎看見過的。」

人生的父母同女孩子便一齊大笑起來。人生從他們的笑中頓然明白了。對女孩子說道：「你不就是『智慧』嗎？」但話剛說完，人生心中又突然驚詫起來，他覺得這樣天眞而帶着憨態的女孩子，決不會是與他一路的智慧——雖然眼與口都很像，——那不是非常聰明而相當調皮的嗎？但是此時那女孩子更笑不可仰，從她的笑聲、她似乎已看透人生的心理，又似乎在回答他道：「智慧那裏有一定的相貌呢？天眞與憨態，才是智慧之本質呵！」人生又有所悟，心再轉來。忽聽見他父親道：「現在已認識你的未婚妻是誰了。你是重新認識她。你以前認識她，只是一偶然遇着的幫助你的人，你現在認識她，是你未來的妻子。你以前認識她，你只見她之眼與口，你始終不知她的身體在那裏，你現在才見她之身體。從今她對你之幫助又格外不同。現在時候到了，你不能久留於此，你須要同你的未婚妻，重到下界去了。你的未婚妻，她知道由此到下界，下界到此的路，你隨時要回來，你可以要她引你回來。她隨時可以指示你來的捷徑。你現在也不要覺得離別有什麼苦，你只要想着你有的責任，你必須盡責，才算順從我們之意。你隨時可以回來。你現在去，又有你未婚妻相伴；你可不再感行路之寂寞。」父親說了一聲：「你們去吧！」人生看那裏有父母，只與智慧同站在原初上來時所望見的那石級之旁。見那石級似又不斷的下墜。人生知道父親的命令，是不可挽回的，應當遵守的，於是只好同智慧沿石級而下。他亦漸忘了離別之苦，因為他只沿石級而下，離下界愈近，便愈忘了上界；同時他新認識的未婚妻在旁，也覺得非常愉快。他們一路走，一路不覺說起情話來。智慧問：「人生，你眞覺我可愛嗎？」人生道：「眞的，你呢？」智慧說：「那當然了，如果我不愛你，我便不會奉你父母的命，到虛無世界中來爲你引路了。」但人生一想起智慧爲他引路的經過，想起其中一件犯罪的事，那愛空間的一夢來。他想那雖是一夢，但智慧是知道他這夢的，這夢總是不純潔的夢。他想到此，不覺難爲情起來，於是他坦白的問智慧道：「你能原諒我那夢嗎？」智慧道：「你忘了你之犯罪，是我引你去的嗎？你又忘了你父親的話，人不能絕對避免犯罪，必須了解罪才能湔洗罪嗎？我老實告訴你，我就愛像你這樣會在夢中犯罪的男子，因你已在夢中犯罪，知罪爲罪，你在實際上便再無犯罪去愛其他女子的危險了。」

人生與智慧沿路走，看已漸到地面，忽見前面幾個十八九歲的男孩子，與又一十六七歲的女孩子跑來，帶滿面笑容，招呼他們。人生一看，原來是現在過去未來三人，那女子却似不認識。忽聽着現在說道：「人生哥哥，你看我們好幾年不見，我們都長大了。聽說你同智慧姊姊已互相重新認識，成了眞正的未婚夫婦，我們眞高興。這女子你認識嗎？她就是我母親原來的侍女，從你們上去之後，我父親時間用他的法力，已使她大了五年了。我告訴你：眞有趣，正在你同智慧姊姊互相重新認識的時候，我的哥哥未來，便同她發生了愛情，她將成我們未來的嫂嫂呢？」人生看看惰性，憶起她從前所見的那樣帶着憂鬱面孔的小女孩，現在竟變成苗條而活潑的女青年，他想着未來的性格，感染人眞快，而時間與愛情的力量，眞不可測。忽又聽見過去道；「我們的父母，都到那邊山坳的店中來接你們，那一店卽工作店，已移到此附近，但已大大的擴大成精美的旅舍了。他們正在那裏預備筵席，我們要先回去，你們跟着來吧！」說着四個青年，仍如小孩一般又走開了。

人生見他們一跑開，便不見了，他突然發獃起來，智慧問：「你如何又發獃了呢？」人生道：「我忘記了一件大事，我一嚮不知我的姓，我只知我名人生，我忘了

母親—現實的原理　父親—理想的原理　二者皆是人之性

問我父親，我父親母親姓什麼？我的姓什麼？這樣怎好重到人間作事呢？」

智慧又撲嗤笑一聲：「你不要再發問題了。我們還是赴工作店的筵席要緊。」一面說，一手自己指着她的心又指着他，再指着上面的天道：「那個使我的「心」同你的「生命」合而爲一的絕對的生命的靈覺，絕對的靈覺的生命之「性」，便是你父親的姓、母親的姓，亦卽你的姓。你的姓就是你的本性。你盡你的本性，便不至玷辱家門。」

廿八年五月作前二分之一

廿九年三月廿三日作後二分之一

附錄　心理道頌

前　言

本部，爲全書人生之路三編十部中最後一部。動筆之初，旨在自娛，非以喩衆。乃吾初所欲從事之哲學著作之導言。一般讀者，須先讀完後二編，方可略明其立言之故，否則宜緩讀爲佳。唯後二編，重樸實說理。以文字體裁論，此部與本編爲近，故列爲本編附錄。因本部多用東土哲學典籍中之成語，由此諸成語之暗示性，讀者亦可意會其所啓示之哲學意境。此意境雖尙未淸晰，有似烟霧迷離之遠景：然人對玆迷離遠景，或反可引出深遠幽渺之思，嚮往超脫之情。故列爲附錄，讀者如讀之有疑，亦不必勉強求解也。

第一節　明宗

一　甲、心象

茫茫大塊，悠悠高旻。乾坤父母；藐然我身。形骸七尺，百年電驚；時空局限，與物無分。謂人同物，異執紛綸。凡彼外論，莫得其情。

二

反躬內省，孰覺物身？有身有物，唯覺所明。自覺此覺，覺「覺」誰人？求之靡前，汲之愈深；泉源混混，沖而徐盈；攪之不濁，澄之不淸。伊彼覺源，先天地生。猗歟此覺，不賴身存。

三

覺者伊何？心光照耀。耳目伊何？光之發竅。明照自玆，遠無不到。所照者境，能照所到。「能」、「所」（能覺與所覺）不離，到實不到（言無所謂到，以本不離也）。光澈萬象，萬象在抱。心卽宇宙，斯言匪奧。

四

光照之喻，喻取一分。光之照物，相與瀰盈。唯心攝象，心復上臨。上臨曰

「縱」，攝象惟「橫」。帶象爲攝，超象爲臨。覺源不竭，運化無形。「能」既帶「所」，如復上升；併前「能」「所」，推之下沉；心恆在頂，自明其明；視先之明，已之留痕。雪泥指爪，鴻飛冥冥。

五

唯心之德，不滯不溺；新新不已，棄其舊迹。周巡萬象，與時消息。不在象中，不在象側；謂之象中，寗謂象側；常運於虛，通前後實。象如波端，心居波脊；波波相運，端不可得。

六

萬象遷流，前逝後生；方生方逝，方逝方生。當下所見，唯此方生；生時宛有，一逝無痕。一有一逝，和合成名。有逝和合，生卽不生。以此觀世，何有何存？時運萬物，如水注壑；未來未有，過去先零；現在不住，倏爾沉淪。自時觀世，世界匪眞。

七

心隨時運，變化無方；雖云隨化，不失至常。今覺昔覺，覺覺交光，匪惟相續，覺性無雙。謂之相續，外論無妨。反躬內省，今昔無疆。今覺覺「昔」，今昔同行。今不至昔，焉得交光？今若至昔，時變何傷？時惟外變，覺自貞常。（道德自我之建立中世界之肯定——第一、二、三節，不外註解上七段之意）

八

象常象變，互爲紀綱，常在變中，變謂變常。唯心之德，用變體常。用能滯所，滯所用傷。能不滯所，變用其方。因用恆變，用乃無疆。由用之變，用乃得常。用常體常，體用相將。

九

體既恆常，緣何用變？用若眞變，體焉得常？當知用變，唯自用觀；自體觀用，變實不變。變惟顯現，明鏡高懸；影宛來去，明鏡無遷。

十

自心觀象，象隨心顯。心體不變，象亦無遷。惟心之德，不滯不溺；捨此轉他，象若宛移。似離謂往，將卽謂來，往來交替，遂成三世。時間範疇，由斯以立。時哉時哉，依用假立。旣立之後，反加於心，謂心有變，妄議紛紜。

十一

自心觀象，象依心存。心用流行，象若浮沈；已逝非喪，惟顯之隱。當前一念，萬劫常存；永矢弗忘，作用潛生。自心觀世，幻必依眞。世界幻影，攝幻者眞。心眞世眞，世界堅凝。

乙、物理（上節以心攝象，此節化象爲理）

一

唯心攝象，象實萬殊。然彼萬殊，同爲心「所」（心之所對）。心「能」本一，一實統多。統多之事，類同別異。心隨時運，舍彼接此。當其接此，心光兩歧：方注於此，卽復彼彼。彼彼者何？類同之始。既復彼彼，轉而此此。此此者何？類同之次。既此此已，平觀彼此。彼彼此此，別異茲起。類同別異，皆緣反視。反視伊何？心注逝「所」。心若外傾，「所」遂自成。自同自異，轉與心對。客觀物界，蓋由斯立；空間觀念，蓋由斯起。

二

心注逝「所」，狀若外傾。唯此外傾，非特成「所」；當其成「所」，亦復成「能」。緣此反視，逆轉時向。時向呈變，逆轉復常。復常於變，類同之始；用不滯常，再變此常，又復他常，類同之次。彼此置定，心游其間；以此斥彼，以彼斥此。二者相拒，各居其位；心爲其樞，不偏不倚；兩端在握，得顯至常。

三

別異類同，彼彼此此。謂此爲此，定此於內；謂此非彼，定彼於外。心光規物，內外齊規。一念雙規，世界重分。心之宰物，於此肇基。

四

彼彼此此，心之物物；唯此物物，不同物役。緣心規物，規而不着；當其規物，卽復推物。謂此爲此，還此於此；謂此非彼，還彼於彼。物還其物，心卽自還。陶人作器，器成手遷；心之規物，凱歌而旋。

五

唯心規物，規而不着；類同別異，事乃無已。初惟具象，時空隔距；繼得共相，異所同狀。曰形曰色，參伍錯列：朝霞臥波，月明映雪，春山如笑，殘花若泣。望彼共相，宛然獨立，游綠飛紅，有魂失魄；漂蕩東西，不知所息。無家可歸，長爲世客；勞也誠勞，逸也誠逸，朝發崑崙，暮觀海日。時空誠大，共相貫攝，不行而至，其行無迹。心有共相，時空失力。

六

唯心之德，不滯不溺。共相不忘，亦復成執；故得共相，還以附物。以相狀物，使有所屬。視物爲主，游客來宿。主居時空，有家有屋。衆客齊來，或延或拒；拒者謂非，延者謂是。拒者何之，望門投止。客既入門，門復外閉。相入物門，是名爲理。相唯乎此，理實通彼；理之爲言，貫同入異。理屬於物，轉名物理。客行入屋，外惟見屋；遂謂物實，相成虛廓。推相入物，心得超脫。

（註）此段謂以所見之相，表狀所謂物，歸之於物，遂謂物之能以如是相表之，而不誤者，由物有顯如是相之理。

七

物具多相，物具衆理。相既入門，稱名曰理。孤客遠來，問主誰氏？冠蓋滿堂，皆云是理。同宿於茲，到有早遲，明晨分手，還各分馳。歡言揖讓，聊定主賓，先到爲君，後到爲臣。臣忘其我，君忘自尊，名分隨定，聊便呼稱。

（註）初謂物有理，然析物至極，惟得物之衆理。物所表現之衆理，有邏輯上之隸屬關係。茲以時間之先後，喻諸理邏輯上之先後。

八

晨雞唱曉，曦光微明，理無定在，客復長征。浮生暫會，宛爾相親。開門話別，阡陌縱橫，各奔就道，約會長亭。方言再會，衆客齊驚。回顧居舍，倏爾奔騰。煙飛霧滅，縹緲無形。物唯理聚，理散物零；唯理是實，萬里鵬程。

九

唯心識理，理理相承。物有聚散，物有毀成。緣何而毀？緣何而成？成毀爲果，成毀有因。後物爲果，前物爲因。因因無盡。無最後因。馳心入幻，疑惑環生：因若有果，何必果生？因若無果，果安從生？乃知因果，方便立名。唯理相承，果不虛生。唯理相承，果乃天成。因不生果，果不自因。全因該果，全果徹因。非因定果，亦果定因。因果互定，基理爲根。因物果物，分段立名。

十

唯心識理，觀物皆理。萬象森羅，唯理之佈。象如有狀，理實無形，潛移默運，萬象滋生。唯理交會，象若宛成。誰使理聚？自聚自凝，自成自化，天則流行，提挈造化，亘塞乾坤。理無散往，千古常新。謂理有往，泥理於象；謂理有散，定「空」（空間）求見。掃象忘「空」，理則常呈。新不成舊，但有新新。誰云有物？形形不形。

十一（讚知）

唯心識理，思入風雲；超以象外，萬化游心；汰繁入簡，去雜成純；以一持萬，以故推今；研幾質測，窮幽極深；由顯知隱，以微知明；目營八表，神會玄冥。宇宙之奧，匪如心靈。

丙、心與理（此節融理歸心）

一

「唯心識理，理乃心知。心但覺理，理覺攸分。心雖未覺，理自常呈；理之世界，外心潛存。唯心之義，將不得成。」此疑千古，難哉言明。

二

原彼執定，理在心外。實由堅持，理有理相。心虛無相，理若有相，心之與理，遂謂爲二，理之世界，遂成心對。然求實諦，當明下義。

三

理有其相，義只一面。蓋心求理，不孤立理，循理而轉，理自掃相。理之世界，理無理相。無相非對，執外失據。

通物之理，相無不掃。因理通物，呈一於多。一呈於多，多各有理；一多相貫，掃前理相。萬象遞遷，衆物融會，物相理相，俱時而融。洪鈞轉運，毀裂蒼穹；凡所有物，相無不融。物中理相，亦復同融。

四

「物唯理聚，未聚無物；理有可聚，會當有聚，對實物言，物外有理。」

（上問下答），此先物（之）理，相亦不保。凡思所及，理皆有限，唯有限理，思中顯相。然理據理，高低相望，低者在高，高泯低相。凡較高理，概彼低理，低理爲分，高理爲全。會分歸全，唯全是實。分相入全，分相皆喪。

五

理相之喪，由有包之。包之者全，被包者分。全能包分，以兼他分。他分對此，恆爲其反。凡所知理，無論內外，無不有反，相依並在。先後大小，時空範疇；一多因果，思想範疇；無不兩兩，輾轉陰陽。孤立正理，未見其反。思有不及，非無其反。縱惟正理，心可離彼。注目於虛，便使正忘。孰使正忘？必有其理。如無其理，理非至上。忘正之事，於理何依？忘正之理，心之反理。此理反正，適足銷正。銷之使忘，此理堪任。唯此反理，與正相對，銷正忘正，正不獨貴。

六

循此以思，理之世界，諸理相對，相對並在；並在相連，亦復互賴；互賴相滲，不得爲二。相對互滲，卽爲絕對。相對兩端，中爲交會。絕對爲中，攝彼相對；兩端在中，兩端同泯。故理世界，理體不二；各類之理，必自相對，如八成四，如四成二，二復不二，統於太極。太極絕對，全攝理類；理類泯相，虛而不昧。

七

心之窮理，由前溯後，由低溯高，由左溯右。理運乎心，環心輻輳。心不滯理，能銷理相。心銷理相，相無不喪。卽此足證，心爲理樞；相對之理，並存心體。

八

心之窮理，必求至極，貫彼衆理，會歸於一。能覺無「限」，永超已成；「能」無不到，理豈外心？謂理外心，唯心有限。破限名覺，心不自限。心不自限，理不外心。心之有覺，惟在其通。能宛通所，卽以狀覺。能覺無限，在無不通。凡有所通，皆依理路。理之爲德，卽在資通。舍資通德，無理可識。能覺在通，心豈外理？

九

心之窮理，自超其覺。超覺入理，即忘其覺；忘覺之覺，是爲眞覺。理之顯心，自轉高理。理轉高理，理如失己；失而無失，是爲實理。理即心體，理外無心；心外無理，窮理心明。理如導心，心實顯理；所顯之理，實即心體；體自顯用，非心映理。

十

「言心覺理，次第包超，心雖顯理，理有未覺」。（總前義設疑、下答）——凡此所言，心動有及。心動有及，即有不及；故彼窮理，永無終極；惟心能超，及所不及；乃證凡理，不在心外。——然復當知：心之未發，寂然不動，本無所及；以無所及，無所不及。心有所及，即所於「所」；此所於「所」，爲心之限。所「所」成限，乃有不及。故心未發，即無所限；以無所限，即無不及。知心未發，理實呈全。心誠息動，當下廓然，虛靈不昧，旁通無窮。理惟賫通，此虛即理。自心言虛，卽理之實。心體至虛，理無不實。心理如如，得無可得。本心卽理，亦卽太極。斯爲了義，言思迴絕。心理本然，誠賴默識。

第二節　呈用——文化

一（讚心）

唯心之體，覺性無限；自明自照，能所渾然；靈光不昧，萬象虛涵；百理平鋪，八方輻輳；相對相滲，無相可言；陰陽合德，天理純全；充實凝聚，元氣內完。

二

唯心之用，覺有所覺；太極旣分，兩儀斯出，能所兩開，內外宛若；物似外來，我似內接。明月在天，流光地隙，自忘其我，凝神物相；物物分立，殊態異狀；剛柔相推，復變其相。萬象森羅，吾心安放？裂彼大全，分析其理，科學之知，緣茲以起。

三

然此分析，唯似裂全。凝視此分，唯此分顯；永存分後，背景之全。鳥鳴樹巔，樹在山前，山有重巒，重巒映天。分有不分，知有不知。不分在後，爲分所居；不知在後，爲知之基。知基者何，理體之全。理體爲基，知有所知；分析知分，餘若不知。

然復須知，分析所得，爲一共理。凡一共理，皆異中同，抽同自異，故名分析。此異中同，實亦統異。是一分析，即含綜合。凡彼析物，歸得關係。凡有關係，連多爲一。析物愈細，關係彌多，愈知關係，愈連他物。分析之功，正爲綜合。彼科學理，期在廣備，理理相關，冀成統系。

凡此足證，分不離全；科學分析，惟似裂全。彼先裂全，終復向全；全似前招，實自前還。前招之全，後全之影。波心蕩月，流光四裂，風定波平，期映滿月。分析求備，歸在全識。

四

唯彼科學，先裂分全。由分溯全，唯賴分連。連彼衆分，連之復連；以分無盡，終不成全。故科學理，理體所分；科學之知，只顯分理。分理依全，不同全理。

爰有哲學，會分歸全。會分歸全，不由外合。凡彼外合，有所不合，故合所得，終與分對。哲學會分，溯分所自。科學之知，知其所知；哲學之知，知所以知。知所以知，知知所自。知之所自，知中之理。反溯知理，識爲心用；反用歸體，得知理體；遂識萬理，同係理體。心理如如，理相復泯。還觀萬理，一理之佈，卽心所顯，卽心之用；不見理相，唯見一心；心不見心，惟自證知。哲學之事，於焉完成。

五

科學求知，散於萬物；由一及他，連綿相索。時序無窮，空間無極，交關互係，愈探愈密。凡有定律，皆有不攝。與之相反，爰有藝術。彫像一尊，山水一幅，瓊樓玉殿，淸歌妙曲，截斷時空，自成境域；孤立絕緣，移人心目。科學抽象，離彼感相；藝術具體，惟賴感相。科學之理，外統感相；藝術之理，內托感相。以共概殊，科學之事；以殊攝共，藝術之事。以共概殊，共有可得；何殊中共，竟不可得？

緣彼藝術，外爲感相。然此感相，用作徵象。徵象者何？藉此指他。凡有藝術，皆能顯理，然所顯理，非與覺對，乃直透心，與理相繫。徵象形色，形色有理。形色之理，亦科學理。然此形色，曲折成趣，和諧對稱，參差配置；互成互徹，相貫相交。形色之理，遂得相銷。惟相銷處，湧現美理。其所湧現，直呈於心；感時卽有，離感難尋。求諸形色，此理不得；外此形色，亦不可得。

六

原彼理體，本復無相，諸理相滲，渾然一體；與心爲一，不成所對。彼科學理，殊中抽共，共則異殊，可成所對。所對理相，偏不透全，理體太極，不顯於玆。唯有藝術，托共於殊，融彼諸殊，以顯共理。所顯共理，不與殊對，具體共理，藝術乃有。融殊顯共，陰陽互調。四象環抱，八卦成列，天地定位，山澤通氣，雷風相薄，水火相射。此所顯理，陰陽所交，理體太極，於茲遂呈。心顯此理，無能所分。能所絕待，物我同泯。以象顯理，象失其象；理顯於象，理無理相。曲終人隱，江上峯青，藝術之妙，卽象顯眞。

七

科學藝術，各有其用。科學分析，抽象律成，感相錯雜，賴律成純。而彼藝術，妙用通神，卽彼感相，當下成純。然此二者：未離感相，用上顯體，皆待感相。唯人有愛，直通他心，視人如己，以情絜情。愛之所始，先覩人形，笑貌音聲，徵象其心。卽形知心，初同美感，將心比心，倏爾通魂。心同理同，理體遍存；理體之全，亦具他人。心中見心，見己於人。理體外化，反照於心。然此外化，緣心自推。心之自推，本其自理。故此外化，實非外化。理體遍在，亦在他心，心中見心，無異自見。人我同心，原自同體；惟自身觀，人我宛別。心泥身象，人我乃分。將心比心，反此同體；實此同體，卽我心體。分後觀全，見有天心，概人與我，實此天心。人我同心，理體無二，亦無外化；本心無二，唯一本心。本心後隱，前見二心。推愛於人，本心實現。本心實現，理體自復。理體自復，即名爲愛。理體呈露，愛自我施。非我施愛，理露破私。人我之別，唯各有私。理破其私，還歸太一；本心日明，私不可得。唯有此愛。彌綸充塞。

八

復玆理體，即名爲愛。愛有愛理，是名爲仁。然復當知，復理之理，唯其自己。故此理體，實卽是仁。仁非他理，仁卽理體。仁與理體，其名有二，名雖有二，實唯是一。此意幽玄，別言以喩。

原彼理體，冲漠無象，旁通無窮，唯理之德，用在資通，舍通無理，舍理無通。理之本體，通而無相。凡所謂愛，心與心通，舍通無愛，愛唯是通。愛唯是通，通唯是理。愛有所愛，愛不在所。通有所通，通不在所。愛不在所，愛卽依仁；通不在所，通卽顯理。本心之仁，無所不通。大通之愛，無所不愛，天地萬物，同爲一體；至虛至實，亦通無相。理體卽仁，仁卽理體。

九

人心、我心，本心、天心，仁與理體，異名同實。惟其異用，儼然有別。明其一貫，表其同體，異用周流，名之爲道。

十

藝術求美，科哲求眞，道德求善，善本乎仁。然彼眞美，亦卽此仁。藝術求美，物我雙忘。忘彼物我，直感直達。直感直達，仁之流行。科哲求眞，唯求得理。理之所安，通物無礙，其名爲眞。眞不異理，理不異眞。理之通用，卽名爲眞；舍彼通用，無由見理。通外見理，誤指理相，凡有相理，理必不全。大全之理，理體無相。理體無相，是謂至眞。至眞理體，自證自明。自證自明，體用周行。周行之德，實卽是仁。

十一（讚道用）

原彼道體，包涵萬象，芴漠混淪，不可爲狀；至善至眞，洵美且仁。道無常居，渾灝流行，範圍六合，充沛古今；仰之彌高，臨之彌深；曲成萬物，主宰人心；顯爲科哲，衆學紛綸，千巖競秀，萬壑爭鳴；顯爲藝術，天樂響雲，八音齊奏，鳥獸歡騰；顯爲道德，肫肫其仁，愛無不育，履載羣生。溯其所自，先天地生，超物爲言，是名爲神。反己合神，宗教所生。

十二

原彼宗教，俯首事神。神高在上，若與己分；望神接引，援己於神。神無不備，功德充盈。愛神之德，愛理自身。理體名仁，仁即原愛。愛神之德，自愛「原愛」。愛愛周流，自超自抱，體用宛離，用環體繞。擧用遙合，乃有宗教。

中土宗教，異彼西教。讚彼妙道，亦爲宗教。天地含情，萬物化生，生生不已，繼善成性；成性存存，顯爲人文。原此天德，至動而貞。道在天壤，萬古常存。信道不渝，中土宗教。

十三

科學哲學，藝術宗教，凡此等等，皆屬文化。道德對言，亦爲文化，凡屬文化，皆體之用。然彼文化，相對而成，旣爲相對，皆用一支。全體大用，乃在人格。人格完成，盡性知天。用上立體，成聖成賢。立彼人極，方顯太極。（人生之體驗及道德自我之建立中精神之表現一部之前半，大皆不外說明本節之義。唯他處未用理體二字。理體卽人之生命精神或心靈活動所實現之價值自體。）

第三節　立體——率性

一

完成人格，在盡其性。天命渾然，實爲至善。率性卽是，非行仁義。擴充不已，沛然誰禦。義襲而取，涸可立俟。

二

心涵性理（性卽理），其動也直。直心而發，無往不吉。其有不善，惟緣形氣。形氣者身，身者心竅，生理渾成，亦具衆妙。形氣之身，亦非不善。其有不善，唯溺形氣，流而失本，不善以成。

三

失本因何？「其動不直」；不直因何？「只緣懈力」；懈力因何？「只緣迷理」；迷理因何？「唯心有蔽」。「心具衆善，緣何有蔽？心不自蔽，蔽於形氣。蔽于形氣，即心自蔽。心能自蔽，即心不善，心有不善，性亦不善，性善之論，將何以立？」

四

凡此疑難，不知心性。錯誤所生，混用於體。緣彼心體，未發爲言。當其未發，寂然不動。理無不善，不得爲惡，是爲絕對。當其已發，即成相對。絕對伊何？唯有全正，而無偏反。相對伊何？反彼偏反，以歸全正。故心之動，爲一決定，決定伊何？有成有毀。唯能毀毀，是以能成。故心之動，是是非「非」。非其所非，即以成是；若不非非，是亦不成。（此段之非非之「非」，謂錯誤）故心之動，善善惡惡。惡其所惡，即以成善；若不惡惡，善亦不成。非自何生，由可違是。此此爲是，彼此則非。此此爲理，彼此非理。然此非理，唯理非之；遵理而行，非必自非。「非理」非實，焉能違理？故此非理，惟一幻有。惡自何生，由可違善。然心之動，無不惡惡；遵理而行，「惡」必被惡。惡之爲惡，永爲被惡。故凡有惡，亦一幻有。

惑者不解，疑必叢生：「有則不幻，幻則不有。既有幻有，則同眞有；如屬幻有，則同無有。既曰無有，焉用去之？言惡必去，言非必除，正謂其眞，方必去除」。

五

六

「非」若果眞，「非」不可非；「非」不可非，焉有非「非」。「惡」若果眞，「惡」不可去；「惡」不可去，焉有惡「惡」。緣彼「非」「惡」，非惡所對。離此非惡，「非」「惡」不立。非惡離彼，亦復不立。以此（指非惡之活動）望彼（指非惡之活動之所對之「非」「惡」），彼若實在；連此於彼，彼卽幻有。幻有非無，無則無幻；惟其似有，故名爲幻。幻爲所對，此則對彼；此爲活動，貫徹於幻。非「非」惡「惡」，幻終不實。非「非」證是，惡「惡」證善。故此非惡，（活動）出自心用。心用此反，以反彼「反」；（指「非」、「惡」）然此心體，實無此反；有此反用，但以反「反」。反有所反，故有「非」、「惡」；「反」必被反，故必去除。有而不眞，幻而必去。有「幻有」者，非此幻有。有「幻有」者，乃此眞有；然此眞有，明「幻有」幻。心善性善，于義得成。

緣彼理用，實一大全；割裂以觀，妄議紛然。全體顯用，用含兩端；是是非非，善善惡惡；全用而觀，實惟至善。然此渾用，本屬超時；自時而觀，分段呈形。故心之動，可流成惡。然其成惡，唯是宛成；理體之善，內存不毀。渾用之全，他段別呈；轉惡成善，有待他時。他時之復，渾用完成。人之流惡，渾用前段。終身小人，善幾永在，歿身不悟，他段未呈。然此渾用，仍繫性體，待彼來生，終當現行。此意幽微，匪易言宣，凡信理體，終當豁然。

緣心發用，顯于形氣，溺彼形氣，性若自離。然觀渾用，離未始離。非「非」惡「惡」，乃性之形；渾用顯性，見性之復。不遠而復，性實無惡。

七

人之有惡，渾用前段；渾用之全，終當去惡。惡不污用，善不容惡。故知道者，不以有惡，疑性之善，不以有惡，容「惡」不惡。唯知渾用，不容有惡。有此眞知，知卽徹行，行順渾用，見幾去惡。

八

緣心發用，顯于形氣。體不離用，用不離體。如體離用，體成定體；定體孤懸，其外爲空。如有外空，空體並立；並立相滲，此空毀體。惟體發用，體得長存。體之發用，如有所着；形氣相對，儼在理外。觀理于氣，氣中皆理；自理觀氣，又若非理。然此非理，唯理未形。理之未形，消極之限。限惟宛限，非有實限。理顯破限，破彼宛限。卽此破限，名爲理顯。理之發用，唯理自展。展之相續，如一歷程。展交未展，若有交點。唯此交點，氣名以立。實此交點，唯理段呈。交點非實，續展點亡。限實不限，不限而限，唯此幻限，理之所破。唯理有破，理用流行。破惟顯用，用惟是理。破無所破，是爲妙理。

九

人之形氣，中惟生理。（生理一名取俗義）心理生理，一理之佈。惟彼生理，不能自覺。以不自覺，不透理體，故人我身，互相限隔。然我心理，直透理體，無有人我，遍在無私。盡性之身，破生理限。性顯于行，心理通身；即此通身，爲心之「德」。率性爲道，修道成德。德原于性，德復成性。性未有增，德有所得。惟此率性，自強不息。行道無已，德日增益。心理貫身，身爲心舍。緝熙光明，內德充實。德顯於身，變彼氣質。變彼氣質，破限立極。

十

氣質之變，端在累積，積水成淵，積善成德。日就月將，朝乾夕惕，默化潛移，神明自得。緣彼萬善，出自一體。故彼積善，非有多善，自融自凝，恆求整一。一善雖微，遍全人格；衆善雖多，成一人格。性體渾成，非由累積。累積之事，用上積極，體上消極。習氣未除，善有間隔，如光隔暗，宛有多光。習氣日除，光自整一；實此整一，性體原有。故彼累積，用上積極，體上消極。此義不明，未爲知德。

十一

修養之方，言多難紀。靜則致虛，動則循理，敬貫動靜，主一無適。心體本虛，心虛理實。與理相應，當致虛靜，恬淡寡欲，反于素樸。動則循理，言行有則。「則」通人我，強恕順「則」；勉強而安，難而後獲。循理之動，理自中識，踐理自我，理事貫攝。行無留行，理不徒執，行心所安，良知是式。唯心是理，理無不備，反躬虛懷，是非自別。以常應變，良知不失，應而不滯，動靜合一。斯敬貫注，內外不隔。

十二

修養之事，但問耕耘，爲聖爲賢，非可期成。人孰無過，貴在知過。本心至善，知「過」「過」過。過而不留，過自融化。一念上達，不憂墜下。下自能升，賴信本心。信得本心，過若浮雲。天風吹度，長空無塵。胸懷坦蕩，天機日深；棲神玄遠，足以悟靈。惟巧與力，存乎其人。

十三

修養之果，日變氣質。誠不可掩，德不可僞。德之所成，匪由思至；充內形外，睟面盎背，美在于中，發乎四支；不言而信，不怒而威；未施而親，默然而喻。溫溫恭人，惟德之基。金聲玉振，終始條理；目擊道存，斯爲聖哲。

十四（讚聖）

惟彼聖哲，萬物皆備。心主乎身，踐彼形色。剛健光輝，日新其德，不勉而中，不思而得。盡性立命，旣仁且智；文理在中，發爲事業；經緯天地，材官萬物。心之精神，六通四闢，明參日月，大滿八極。心體顯用，體自用立；爰本太極，建立人極。以身載道，道成肉身；凡有血氣，莫不尊親；所過者化，天下歸仁。浩浩其天，淵淵其淵。恢恢廣廣，孰知其極？睪睪廣廣，孰知其德？泯泯紛紛，孰知其形？凄然似秋，暖然似春，參彼萬歲，而一成純。是謂至善，是謂至眞，是謂至美，是謂至神。（本節除第七第十四段外，大皆可在道德自我之建立中，得其註解）

第四節　世出世間

一（讚道相）

原彼道體，無不包融。羣星羅列，天有萬重，而此道體，統攝太空。「空」在大覺，如海一漚。惟覺之理，彌綸宇宙。在物之理，猶爲相對；絕對之理，超彼相對；萬理交滲，融攝不二。道體眞常，圓滿充實，不動而變，無爲而成，生生不生，形形不形。言語道斷，知幾其神。

二

彼道無極，彼道無際。無極之極，是謂太極；無際之際，際之不際。凡所有相，皆有際極；凡有際極，常言有物。自物觀人，人亦一物。

三

然此人物，志氣如神；身在天地，與物無分；心涵天地，物是心塵；行彼至善，踐彼至眞。聖心見道，道本長存，卽身載道，超彼死生；形骸萬化，靈府常春；昭垂大德，貫徹幽明；窮未來際，利樂有情。

四

人身雖異，心同理同。克念作聖，無不成功。雖悟一道，悟有早遲；未云人成，我卽超生。乃知一道，實托衆心。就其所悟，不得謂多；心與道一，千聖一心。然當未悟，宛有多心。心體應一，多由繫身。身何有多？大惑茲生。

五

爰知道體，迥絕情識。體雖爲一，用則呈多，如一光源，射出卽散。唯此四散，顯爲萬物，殊類殊形，衆物以生。（比喩）原彼道體，無理不具，有一無多，一則不一。一有其一，必呈于多；故彼道體，不守其一；不守其一，故顯爲多。多之所始，原自一始。

六

體一用多，一呈于多；爲有一呈，多實不多。萬類殊形，同依道體。唯多有一，一貫各一，一含大一，還返大一。一返大一，可兩面觀：大一召一，是體徹用；一歸大一，是用返體。緣有還返，物皆向道，發展進化，宛度時間。生物成人，人復成聖，返于道體，與道爲一。然此時間，惟其返程。外望爲時，內惟顯性。惟性之顯，破「各一」限，限若有「限」，破若有程，程如有段，宛爾成時。實此時程，惟理之佈；惟理自運，時實無時。率性修道，惟理自運。非理運我，我理無分。「限」破理顯，理之自顯。「限」實非「限」，對破成名；理顯非顯，對隱成名。無隱之者，卽「限」爲隱。「限」惟幻有，有則非無。破「限」幻去，幻終非有。唯理眞實，破彼幻限；故離此理，無破限者。知幻卽破，理之自明；誤幻爲眞，理之投影；於誤不安，眞之露呈；知幻非眞，幻之返眞；自消其影，唯有一眞。故彼修爲，亦無修者，知眞爲眞，不待外驗；唯此一理，自明自證；明證至極，反於大通。一歸大一，大一徹一，全體呈用，大用立體。自人言立，用上之言；用上立極，名曰人極。然此人極，實惟太極。一實二名，非有二極。

七

太極人極，實爲一極。本體眞常，斷不容二；然其顯用，畢竟是多。世界無窮，衆生無盡，雖一成聖，不一切成。衆生向道，理運乎多。理必破限，「生」終成聖。極理觀「生」，「生」不是「生」；然限未破，「生」即是「生」。「聖」「生」並存，理善安立。

八

諸聖見道，與道爲一；諸聖同心，亦復無別。道體呈用，大用無疆；諸聖見道，德亦無疆；生前死後，悲願同深；精神感召，長在斯民；願士希賢，願賢希聖；一人不聖，聖不獨成。

九

聖不獨成，聖與「生」繫。聖心雖一，成聖途異。唯此途異，成聖因異。聖之繫「生」，賴于世法。成聖因緣，亦賴世法。聖因有異，繫「生」有別。唯此有別，諸聖不一；感格人間，各有功德。

十

爰知道體，迴絕情識，由一顯多，多復返一。自體而言，返實不返；自用而言，宛如有返。各一之返，又不沉一；繫彼衆多，同返於一。故彼諸聖，不升天國，不住涅槃；願入地獄，願在人間。卽智與仁，以仁運智；全體與用，全用在體；隨緣顯現，爲天人師。慈航普渡，聖域同登。衆生無盡，諸聖無盡。聖與衆生，心無差別。非聖化生，生各自覺。道體周流，無所不入，一切衆生，畢竟成聖。有一能成，一切能成，諸聖大願，於焉以生。

十一（讚道體）

唯此道體，全體顯用，用各歸體；宛爾周流，無窮無際；交光互映，一多相徹；全一是多，全多是一；各一含多，多同返一。理事無礙，事事無礙；全海在波，波波攝海，芥子須彌，微塵世界；一念全收，諸聖斯在；舉足下足，踏破三界；瞬目揚眉，道不可外。道遠乎哉！觸事而眞。聖遠乎哉！體之卽神。唯吾蔽理，如道不在。哀此無明，隔絕內外。反求有術，知暗卽明。充此知量，大覺終成。

十二

唯知道體，無所不在，故求大覺，不廢小覺。覺無大小，同呈覺性。凡覺有理，理無小大。卽小見大，視其心量；未能見大，小理亦大；循彼小理，自當通大；廢彼小理，大無可大。故欲修道，不離世事；事至而應，循所知理；至賾不惡，至繁不厭；一有厭惡，自絕眞常。若言求學，由本之末，科學世智，無一可棄。若言盡責，自近而始，爲子當孝，爲弟當弟，爲友則信，忠於職事。痌瘝在抱，救世之急，玄理通神，志當超逸。旣極高明，復行庸德。正其容體，齊其顏色，修其辭命，不使衆駭；化世之言，方便巧立。道固小行，德亦小識；漸漬濡浸，會當有益。千里之行，始於足下。惟我先哲，精微廣大。

第五節　思　道

一

原彼道體，小大由之，於大不終，於小不遺。人能弘道，道亦弘人。體道在身，惟資行證；苟非其人，道不虛行。超彼思慮，議論徒紛，畫餅不飽，望梅渴增。止於言思，只足成名。與道萬里，世俗哲人。

二

然此道體，無乎不在。神之陟降，亦在言思。言有所符，思有所之，所符所之，同向道指。道不遠人，豈遠言思？故彼世哲，未與道離。差僅毫厘，若謬千里；然此千里，不離道體。道雖尊貴，由人所會；八方騰躍，終入環內；類與不類，相與爲類。言思狀道，誠不無誤。誤由何生？安排失措。變爾安排，錯卽不錯。原此誤排，思出其位，越位跨臨，遂成錯敗。然此跨臨，實由道生。唯道在上，引心上升，忘其本位，跨臨乃生。故思之誤，亦道所形。道無不容，容人誤解。人不信道，道亦不悔。百家異說，矛盾衝突，一元多元，唯心唯物，曰墨曰儒，曰道曰佛。書籍無窮，卮言日出，小言破道，滿坑滿谷。而彼道體，無所不容；百川滙流，東海朝宗，磅礴深廣，返於大通。

三（讚思道）

我思古人，人豪天挺。孔子一貫。老聃抱樸。孟子性善。莊周齊物。肇論不遷。賢首探玄。濂溪主靜。明道識仁。晦庵窮理。象山立大。陽明致知。船山觀化。釋迦演法，大獅子吼。龍樹觀「空」。無著說「有」。蘇柏師徒，理念世界。基督降世，「信」「望」與「愛」。康德批判，知識內在。黑氏絕對，自化爲外。凡此諸哲，殊方異代，若不相謀，玄津獨遷；或異或同，並行不悖。後哲未出，前哲至上；後哲既出，兩庭相望；弟子承師，當仁不讓。後哲未出，疑若道窮；及其既出，道復旁通；羣峰數轉，還復相逢；黃河九曲，依舊朝東。思道之思，生生不窮。讚道之妙，還讚思道。道由思顯，思復導行；行之踐道，思爲前導；破思之思，亦由思導；思之不窮，見道之竅。吾思至此，吾思「吾思」。宛有天則，下臨吾思；而此天則，思不可思；淵乎莫測，知不可知。吾思至此，唯嘆觀止。思無可思，停筆於此。卮言河漢，俟諸異時；詹言十紙，聊以自娛。道無不容，當不見嗤。

三十年二月八日——十二日

★校者按：本部第二節第三、七、八、十段，第三節第七段，第四節第十、十一段，句數均為奇數，疑有錯簡，讀者鑒之。

國家圖書館出版品預行編目資料

人生之體驗

唐君毅著. – 校訂版. – 臺北市：臺灣學生，民 78
面；公分 –(唐君毅全集；卷 1-1)

ISBN 978-957-15-0713-2(平裝)

1. 人生哲學

191　　84010520

唐君毅全集 卷一之一
人生之體驗（全一冊）

著作者：唐君毅
出版者：臺灣學生書局有限公司
發行人：楊雲龍
發行所：臺灣學生書局有限公司
臺北市和平東路一段七五巷一一號
郵政劃撥戶：〇〇〇二四六六八號
電話：（〇二）二三九二八一八五
傳真：（〇二）二三九二八一〇五
E-mail: student.book@msa.hinet.net
http://www.studentbook.com.tw

本書局登記證字號：行政院新聞局局版北市業字第玖捌壹號

印刷所：長欣印刷企業社
新北市中和區永和路三六三巷四二號
電話：（〇二）二二二二六八八五三

定價：新臺幣二八〇元

一九八九年二月全集校訂版
二〇一六年十一月全集校訂版八刷

19101

ISBN 978-957-15-0713-2(平裝)